suhrkamp taschenbuch 2371

Als einen »Abend auf dem Oktoberfest« kündigte die Ernst Josef Aufricht-Produktion am 18. 11. 1932 in Leipzig die Uraufführung von Ödön von Horváths Volksstück *Kasimir und Karoline* an, dessen ursprünglicher Untertitel »Sieben Szenen von der Liebe, Not und Leid, und unserer schlechten Zeit« lautete. Die »Ballade vom arbeitslosen Chauffeur Kasimir und seiner Braut (...), eine Ballade voll stiller Trauer gemildert durch Humor, das heißt durch die alltägliche Erkenntnis: ›Sterben müssen wir alle!‹« (Ödön von Horváth)

Alfred Polgar schrieb: »Dieser Dichter hat eine besondere Kunst, an seinen Gestalten das, was uns alle bindet: das Gemeine, sichtbar, beziehungsweise das, womit dieses All-Bindende zugedeckt ist, transparent zu machen.«

Die neue Edition der Werke Horváths trennt die Theaterstücke von den Prosawerken und ordnet die Texte dann in der von Horváth vorgelegten Fassung chronologisch an. Den heutigen Forschungsstand berücksichtigende Erläuterungen und eine editorische Notiz ergänzen jeden Band.

Band 1: *Zur schönen Aussicht und andere Stücke*
Band 2: *Sladek*
Band 3: *Italienische Nacht*
Band 4: *Geschichten aus dem Wiener Wald*
Band 5: *Kasimir und Karoline*
Band 6: *Glaube Liebe Hoffnung*
Band 7: *Eine Unbekannte aus der Seine und andere Stücke*
Band 8: *Figaro läßt sich scheiden*
Band 9: *Don Juan kommt aus dem Krieg*
Band 10: *Der jüngste Tag und andere Stücke*
Band 11: *Sportmärchen und andere Prosa*
Band 12: *Der ewige Spießer*
Band 13: *Jugend ohne Gott*
Band 14: *Ein Kind unserer Zeit*

Ödön von Horváth
Gesammelte Werke

Kommentierte Werkausgabe in Einzelbänden
Herausgegeben von Traugott Krischke
unter Mitarbeit von Susanna Foral-Krischke

Ödön von Horváth
Kasimir und Karoline

Suhrkamp

Umschlagfoto: Gerd Weiss, Karlsruhe

suhrkamp taschenbuch 2371
Erste Auflage 1994
© für diese Ausgabe Suhrkamp Verlag
Frankfurt am Main 1986
Suhrkamp Taschenbuch Verlag
Alle Rechte vorbehalten, insbesondere das
des öffentlichen Vortrags, der Übertragung
durch Rundfunk und Fernsehen
sowie der Übersetzung, auch einzelner Teile.
Alle Aufführungs-, Sende- und Übersetzungsrechte
sowie die Rechte an den Musikmaterialien für
»Kasimir und Karoline« liegen ausschließlich beim
Thomas Sessler Verlag, Wien und München
Satz: LibroSatz, Kriftel
Druck: Ebner Ulm
Printed in Germany
Umschlag nach Entwürfen von
Willy Fleckhaus und Rolf Staudt

3 4 5 6 – 99 98 97

Inhalt

Kasimir und Karoline   9
  [in sieben Bildern]
Kasimir und Karoline   67
  [in 117 Szenen]

Anhang   139
  Erläuterungen   141
  Editorische Notiz   157

Kasimir und Karoline

Volksstück in sieben Bildern

Personen: Kasimir · Karoline · Rauch · Speer · Der Ausrufer · Der Liliputaner · Schürzinger · Der Merkl Franz · Dem Merkl Franz seine Erna · Elli · Maria · Der Mann mit dem Bulldoggkopf · Juanita · Die dicke Dame · Die Kellnerin · Abnormitäten und Oktoberfestleute

Dieses Volksstück spielt auf dem Münchener Oktoberfest und zwar in unserer Zeit.

Erstes Bild

Gleich hinter dem Dorf der Lippennegerinnen.
Links ein Eismann mit türkischem Honig und Luftbal-
lons. Rechts ein Haut-den-Lukas − − (das ist so ein alt-
hergebrachter Kraftmesser, wo Du unten mit einem Holz-
beil auf einen Bolzen draufhaust, und dann saust ein
anderer Bolzen an einer Stange in die Höhe, und wenn
dann dieser andere Bolzen die Spitze der Stange erreicht,
dann knallt es und dann wirst Du dekoriert, und zwar mit
jedem Knall für einen Orden).
Es ist bereits spät am Nachmittag und jetzt fliegt gerade
der Zeppelin in einer ganz geringen Höhe über die Ok-
toberfestwiese − − in der Ferne Geheul mit allgemeinem
Musiktusch und Trommelwirbel.

RAUCH Bravo Zeppelin! Bravo Eckener! Bravo!
EIN AUSRUFER Heil!
SPEER Majestätisch, Majestätisch.
    Pause.
EIN LILIPUTANER Wenn man bedenkt, wie weit es wir Men-
    schen schon gebracht haben − − *Er winkt mit seinem*
    Taschentuch.
    Pause.
KAROLINE Jetzt ist er gleich verschwunden der Zeppe-
    lin − −
DER LILIPUTANER Am Horizont.
KAROLINE Ich kann ihn kaum mehr sehen − −
DER LILIPUTANER Ich seh ihn noch ganz scharf.
KAROLINE Jetzt seh ich nichts mehr. *Sie erblickt Kasimir;*
    lächelt. Du, Kasimir. Jetzt werden wir bald alle fliegen.
KASIMIR Geh, so laß mich doch aus. *Er wendet sich dem*
    Lukas zu und haut ihn vor einem stumm interessierten

Publikum – – aber erst beim dritten Mal knallt es und dann zahlt der Kasimir und wird mit einem Orden dekoriert.

KAROLINE Ich gratuliere.

KASIMIR Zu was denn?

KAROLINE Zu deiner Auszeichnung da.

KASIMIR Danke.

Stille.

KAROLINE Der Zeppelin, der fliegt jetzt nach Oberammergau, aber dann kommt er wieder zurück und wird einige Schleifen über uns beschreiben.

KASIMIR Das ist mir wurscht! Da fliegen droben zwanzig Wirtschaftskapitäne und herunten verhungern derweil einige Millionen! Ich scheiß dir was auf den Zeppelin, ich kenne diesen Schwindel und hab mich damit auseinandergesetzt – – Der Zeppelin, verstehst du mich, das ist ein Luftschiff und wenn einer von uns dieses Luftschiff sieht, dann hat er so ein Gefühl, als tät er auch mitfliegen – – derweil haben wir bloß die schiefen Absätz und das Maul können wir uns an das Tischeck hinhaun!

KAROLINE Wenn du so traurig bist, dann werd ich auch traurig.

KASIMIR Ich bin kein trauriger Mensch.

KAROLINE Doch. Du bist ein Pessimist.

KASIMIR Das schon. Ein jeder intelligente Mensch ist ein Pessimist. *Er läßt sie wieder stehen und haut abermals den Lukas; jetzt knallt es dreimal, er zahlt und bekommt drei Orden: dann nähert er sich wieder Karoline.* Du kannst natürlich leicht lachen. Ich habe es dir doch gleich gesagt, daß ich heut unter gar keinen Umständen auf dein Oktoberfest geh. Gestern abgebaut und morgen stempeln, aber heut sich amüsieren, vielleicht gar noch mit lachendem Gesicht!

KAROLINE Ich habe ja gar nicht gelacht.

KASIMIR Natürlich hast du gelacht. Und das darfst du ja auch – – Du verdienst ja noch was und lebst bei deinen Eltern, die wo pensionsberechtigt sind. Aber ich habe keine Eltern mehr und steh allein in der Welt, ganz und gar allein.

Stille.

KAROLINE Vielleicht sind wir zu schwer füreinander – –

KASIMIR Wie meinst du das jetzt?

KAROLINE Weil du halt ein Pessimist bist und ich neige auch zur Melancholie – – – – Schau, zum Beispiel zuvor – – beim Zeppelin – –

KASIMIR Geh halt doch dein Maul mit dem Zeppelin!

KAROLINE Du sollst mich nicht immer so anschrein, das hab ich mir nicht verdient um dich!

KASIMIR Habe mich gerne! *Ab.*

KAROLINE *sieht ihm nach; wendet sich dann langsam dem Eismann zu, kauft sich eine Portion und schleckt daran gedankenvoll.*

SCHÜRZINGER *schleckt bereits die zweite Portion.*

KAROLINE Was schauens mich denn so blöd an?

SCHÜRZINGER Pardon! Ich habe an etwas ganz anderes gedacht.

KAROLINE Drum.

Stille.

SCHÜRZINGER Haben Sie auch zuvor den Zeppelin gesehen?

KAROLINE Ich habe doch keine zugewachsenen Augen.

Stille.

SCHÜRZINGER Der Zeppelin, der fliegt jetzt nach Oberammergau.

KAROLINE Ja und dann wird er noch einige Schleifen über uns beschreiben.

SCHÜRZINGER Waren das Fräulein schon einmal in Oberammergau?

KAROLINE Schon drei Mal.

SCHÜRZINGER Respekt!

Stille.

KAROLINE Aber die Oberammergauer sind auch keine Heiligen. Die Menschen sind halt überall schlechte Menschen.

SCHÜRZINGER Das darf man nicht sagen, Fräulein! Die Menschen sind weder gut noch böse. Allerdings werden sie durch unser heutiges wirtschaftliches System gezwungen, egoistischer zu sein, als sie es eigentlich wären, da sie doch schließlich vegetieren müssen. Verstehens mich?

KAROLINE Nein.

SCHÜRZINGER Sie werden mich schon gleich verstehen. Nehmen wir an, Sie lieben einen Mann. Und nehmen wir weiter an, dieser Mann wird nun arbeitslos. Dann läßt die Liebe nach, und zwar automatisch.

KAROLINE Also das glaub ich nicht!

SCHÜRZINGER Bestimmt!

KAROLINE Oh nein! Wenn es dem Manne schlecht geht, dann hängt das wertvolle Weib nur noch intensiver an ihm – – könnt ich mir schon vorstellen.

SCHÜRZINGER Ich nicht.

Stille.

KAROLINE Können Sie handlesen?

SCHÜRZINGER Nein.

KAROLINE Was sind denn der Herr eigentlich von Beruf?

SCHÜRZINGER Raten Sie doch mal.

KAROLINE Feinmechaniker?

SCHÜRZINGER Nein. Zuschneider.

KAROLINE Also das hätt ich jetzt nicht gedacht!

SCHÜRZINGER Warum denn nicht?

KAROLINE Weil ich die Zuschneider nicht mag. Alle Zu-
schneider bilden sich gleich soviel ein.
Stille.
SCHÜRZINGER Bei mir ist das eine Ausnahme. Ich hab
mich mal mit dem Schicksalsproblem beschäftigt.
KAROLINE Essen Sie auch gern Eis?
SCHÜRZINGER Meine einzige Leidenschaft.
KAROLINE Die einzige?
SCHÜRZINGER Ja.
KAROLINE Schad!
SCHÜRZINGER Wieso?
KAROLINE Ich meine, da fehlt Ihnen doch dann was.

KASIMIR *erscheint wieder und winkt Karoline zu sich*
heran.
KAROLINE *folgt ihm.*
KASIMIR Wer ist denn das, mit dem du dort sprichst?
KAROLINE Ein Bekannter von mir.
KASIMIR Seit wann denn?
KAROLINE Schon seit lang. Wir haben uns gerade aus-
nahmsweise getroffen. Glaubst du mir denn das nicht?
KASIMIR Warum soll ich dir das nicht glauben?
Stille.
KAROLINE Was willst du?
Stille.
KASIMIR Wie hast du das zuvor gemeint, daß wir zwei zu
schwer füreinander sind?
KAROLINE *schweigt boshaft.*
KASIMIR Soll das eventuell heißen, daß wir zwei eventuell
nicht zueinander passen?
KAROLINE Eventuell.
KASIMIR Also das soll dann eventuell heißen, daß wir uns
eventuell trennen sollen – – und daß du mit solchen
Gedanken spielst?

KAROLINE So frag mich doch jetzt nicht!

KASIMIR Und warum nicht, wenn man fragen darf?

KAROLINE Weil ich jetzt verärgert bin. Und in einer solchen Stimmung kann ich dir doch nichts Gescheites sagen!

Stille.

KASIMIR So. Hm. Also das wird dann schon so sein. So und nicht anders. Da gibt es keine Ausnahmen. Lächerlich.

KAROLINE Was redest du denn da?

KASIMIR Es ist schon so.

KAROLINE *fixiert ihn:* Wie?

Stille.

KASIMIR Oder ist das vielleicht nicht eigenartig, daß es dir gerade an jenem Tage auffällt, daß wir zwei eventuell nicht zueinander passen – – an jenem Tage, an welchem ich abgebaut worden bin?

Stille.

KAROLINE Ich versteh dich nicht, Kasimir.

KASIMIR Denk nur nach. Denk nur nach, Fräulein!

Stille.

KAROLINE *plötzlich:* Oh du undankbarer Mensch! Hab ich nicht immer zu dir gehalten? Weißt es denn nicht, was das für Schwierigkeiten gegeben hat mit meinen Eltern, weil ich keinen Beamten genommen hab und nicht von dir gelassen hab und immer deine Partei ergriffen hab?!

KASIMIR Reg dich nur ab, Fräulein! Überleg es dir lieber, was du mir angetan hast.

KAROLINE Und was tust du mir an?

KASIMIR Ich konstatiere eine Wahrheit. So. Und jetzt laß ich dich stehn – – *Ab.*

KAROLINE *sieht ihm nach; wendet sich dann wieder dem*

Schürzinger zu; jetzt dämmert es bereits.

SCHÜRZINGER Wer war denn dieser Herr?

KAROLINE Mein Bräutigam.

SCHÜRZINGER Sie haben einen Bräutigam?

KAROLINE Er hat mich gerade sehr gekränkt. Nämlich gestern ist er abgebaut worden und da hat er jetzt behauptet, ich würde mich von ihm trennen wollen, weil er abgebaut worden ist.

SCHÜRZINGER Das alte Lied.

KAROLINE Geh reden wir von etwas anderem!

Stille.

SCHÜRZINGER Er steht dort drüben und beobachtet uns.

KAROLINE Ich möcht jetzt mal mit der Achterbahn fahren.

SCHÜRZINGER Das ist ein teuerer Spaß.

KAROLINE Aber jetzt bin ich auf dem Oktoberfest und ich hab es mir vorgenommen. Geh fahrens halt mit!

SCHÜRZINGER Aber nur einmal.

KAROLINE Also das steht bei Ihnen.

Zweites Bild

Neben der Achterbahn, dort wo die Oktoberfestwiese aufhört. Die Stelle liegt etwas abseits und ist nicht gut beleuchtet. Nämlich es ist bereits Nacht geworden, aber in der Ferne ist alles illuminiert.
Karoline und Schürzinger kommen und hören das Sausen der Achterbahn und das selige Kreischen der Fahrgäste.

KAROLINE Ja das ist die richtige Achterbahn. Es gibt nämlich noch eine, aber mit der ist man bald fertig. Dort ist die Kasse. Jetzt ist mir etwas gerissen.

SCHÜRZINGER Was?

KAROLINE Ich weiß noch nicht was. Geh drehens Ihnen um bitte.

Stille.

SCHÜRZINGER *hat sich umgedreht:* Er folgt uns noch immer, Ihr Herr Bräutigam. Jetzt spricht er sogar mit einem Herrn und einer Dame – – sie lassen uns nicht aus den Augen.

KAROLINE Wo? – – – – das ist doch jetzt der Merkl Franz und seine Erna. Ja den kenn ich. Nämlich das ist ein ehemaliger Kollege von meinem Kasimir. Aber der ist auf die schiefe Ebene geraten. Wie oft daß der schon gesessen ist.

SCHÜRZINGER Die Kleinen hängt man und die Großen läßt man laufen.

KAROLINE Das schon. Aber der Merkl Franz prügelt seine Erna, obwohl sie ihm pariert. Und ein schwaches Weib schlagen, das ist doch wohl schon das allerletzte.

SCHÜRZINGER Bestimmt.

KAROLINE Der Kasimir ist ja auch sehr jähzornig von Natur aus, aber angerührt hat er mich noch nie.

SCHÜRZINGER Hoffentlich macht er uns hier keinen Skandal.

KAROLINE Nein das macht er nie in der Öffentlichkeit. Dazu ist er viel zu beherrscht. Schon von seinem Beruf her.

SCHÜRZINGER Was ist er denn?

KAROLINE *hat sich nun repariert:* Kraftwagenführer. Chauffeur.

SCHÜRZINGER Jähzornige Leute sind aber meistens gutmütig.

KAROLINE Haben Sie Angst?

SCHÜRZINGER Wie kommen Sie darauf?
Stille.

KAROLINE Ich möcht jetzt mit der Achterbahn fahren. *Ab mit dem Schürzinger und nun ist einige Zeit kein Mensch zu sehen.*

KASIMIR *kommt langsam mit dem Merkl Franz und dem seiner Erna.*

DER MERKL FRANZ Parlez-vous française?

KASIMIR Nein.

DER MERKL FRANZ Schade.

KASIMIR Wieso?

DER MERKL FRANZ Weil sich das deutsch nicht so sagen läßt. Ein Zitat. In puncto Achterbahn und Karoline – – *Zu Erna.* Wenn du mir sowas antun würdest, ich tät dir ja das Kreuz abschlagen.

ERNA So sei doch nicht so ungerecht.

KAROLINE *kreischt nun droben auf der abwärtssausenden Achterbahn.*

KASIMIR *starrt empor:* Fahre wohl, Fräulein Karoline! Daß dir nur nichts passiert. Daß du dir nur ja nicht das Genick verrenkst. Das wünscht dir jetzt dein Kasimir.

DER MERKL FRANZ Habe nur keine Angst. Wir sind zu zweit.

KASIMIR Ich bin nicht zu zweit! Ich mag nicht zu zweit sein! Ich bin allein.

Stille.

DER MERKL FRANZ Ich hätt ja einen plausibleren Vorschlag: laß doch diesen Kavalier überhaupt laufen – – er kann doch nichts dafür, daß jetzt die Deine mit ihm da droben durch die Weltgeschichte rodelt. Du hast dich doch nur mit ihr auseinanderzusetzen. Wie sie auf der Bildfläche erscheint, zerreiß ihr das Maul.

KASIMIR Das ist eine Ansichtssache.

DER MERKL FRANZ Natürlich.

Stille.

KASIMIR Ich bin aber nicht der Ansicht.

DER MERKL FRANZ Du bist halt ein naiver Mensch.

KASIMIR Wahrscheinlich.

Stille.

DER MERKL FRANZ Was ist das Weib? Kennst den Witz, wo die Tochter mit dem leiblichen Vater und dem Bruder – –

ERNA *unterbricht ihn:* Du sollst nicht immer so wegwerfend über uns Frauen reden!

Stille.

DER MERKL FRANZ Ja wie hätten wir es denn?

ERNA Ich bin doch zu guter Letzt auch eine Frau!

DER MERKL FRANZ Also werd mir nur nicht nervös. Da. Halt mal meine Handschuhe. Ich muß jetzt zinserln – – *Er verrichtet seine Notdurft an einem Pfosten der Achterbahn; in der Ferne ertönt nun ein Waldhorn, und zwar wehmütig.*

ERNA Herr Kasimir. Da schauns mal hinauf. Das ist der große Bär.

KASIMIR Wo?

ERNA Dort. Und das dort ist der Orion. Mit dem Schwert.

KASIMIR Woher wissen Sie denn all das?

ERNA Das hat mir mal mein Herr erklärt, wie ich noch gedient hab – – der ist ein Professor gewesen. Wissens, wenns mir schlecht geht, dann denk ich mir immer, was ist ein Mensch neben einen Stern. Und das gibt mir dann wieder einen Halt.

SCHÜRZINGER *erscheint und das Waldhorn verstummt.*

KASIMIR *erkennt ihn.*

SCHÜRZINGER *grüßt.*

KASIMIR *grüßt auch und zwar unwillkürlich.*

SCHÜRZINGER Ihr Fräulein Braut fahren noch.

KASIMIR *fixiert ihn grimmig:* Das freut mich.
 Stille.

SCHÜRZINGER Ich bin nur einmal mitgefahren. Ihr Fräulein Braut wollte aber noch einmal.

KASIMIR Alsdann: Sie sind doch ein alter Bekannter von meiner Fräulein Braut?

SCHÜRZINGER Wieso?

KASIMIR Was wieso?

SCHÜRZINGER Nein das muß ein Irrtum sein. Ich kenne Ihr Fräulein Braut erst seit zuvor dort bei dem Eismann – – da sind wir so unwillkürlich ins Gespräch gekommen.

KASIMIR Unwillkürlich – –

SCHÜRZINGER Absolut.

KASIMIR Das auch noch.

SCHÜRZINGER Warum?

KASIMIR Weil das sehr eigenartig ist. Nämlich mein Fräulein Braut sagte mir zuvor, daß Sie Ihnen schon seit langem kennt. Schon seit lang, sagte sie.

DER MERKL FRANZ Peinsam.
 Stille.

21

SCHÜRZINGER Das tut mir aber leid.

KASIMIR Also stimmt das jetzt oder stimmt das jetzt nicht?
Ich möchte da nämlich klar sehen. Von Mann zu Mann.
Stille.

SCHÜRZINGER Nein. Es stimmt nicht.

KASIMIR Ehrenwort?

SCHÜRZINGER Ehrenwort.

KASIMIR Ich danke.
Stille.

DER MERKL FRANZ In diesem Sinne kommst du auf keinen
grünen Zweig nicht, lieber guter alter Freund. Hau ihm
doch eine aufs Maul – –

KASIMIR Mische dich bitte nicht da hinein!

DER MERKL FRANZ Huste mich nicht so schwach an! Du
Nasenbohrer.

KASIMIR Ich bin kein Nasenbohrer!

DER MERKL FRANZ Du wirst es ja schon noch erleben, wo
du landen wirst mit derartig nachsichtigen Methoden!
Ich seh dich ja schon einen Kniefall machen vor dem
offiziellen Hausfreund deiner eigenen Braut! Küsse nur
die Spur ihres Trittes – – du wirst ihr auch noch die
Schleppe tragen und dich mit einer besonderen Wonne
unter ihre Schweißfüß beugen, du Masochist!

KASIMIR Ich bin kein Masochist! Ich bin ein anständiger
Mensch!
Stille.

DER MERKL FRANZ Das ist der Dank. Man will dir helfen
und du wirst anzüglich. Stehen lassen sollt ich dich da,
wo du da stehst!

ERNA Komm, Franz!

DER MERKL FRANZ *kneift sie in den Arm.*

ERNA Au! Au – –

DER MERKL FRANZ Und wenn du dich noch so sehr win-
dest! Ich bleib, solang ich Lust dazu hab – – in einer

solchen Situation darf man seinen Freund nicht allein lassen.

KAROLINE *erscheint.*
Stille.

KASIMIR *nähert sich langsam Karoline und hält dicht vor ihr:* Ich habe dich zuvor gefragt, wie du das verstanden haben willst, daß wir zwei eventuell nicht mehr zueinanderpassen. Und du hast gesagt: eventuell. Hast du gesagt.

KAROLINE Und du hast gesagt, daß ich dich verlasse, weil du abgebaut worden bist. Das ist eine ganz tiefe Beleidigung. Eine wertvolle Frau hängt höchstens noch mehr an dem Manne, zu dem sie gehört, wenn es diesem Manne schlecht geht.

KASIMIR Bist du eine wertvolle Frau?

KAROLINE Das mußt du selber wissen.

KASIMIR Und du hängst jetzt noch mehr an mir?

KAROLINE *schweigt.*

KASIMIR Du sollst mir jetzt eine Antwort geben.

KAROLINE Ich kann dir darauf keine Antwort geben, das mußt du fühlen.
Stille.

KASIMIR Warum lügst du?

KAROLINE Ich lüge nicht.

KASIMIR Doch. Und zwar ganz ohne Schamgefühl.
Stille.

KAROLINE Wann soll denn das gewesen sein?

KASIMIR Zuvor. Da hast du gesagt, daß du diesen Herrn dort schon lange kennst. Seit schon lang, hast du gesagt. Und derweil ist das doch nur so eine Oktoberfestbekanntschaft. Warum hast du mich angelogen?
Stille.

KAROLINE Ich war halt sehr verärgert.

KASIMIR Das ist noch kein Grund.

KAROLINE Bei einer Frau vielleicht schon.

KASIMIR Nein.

Stille.

KAROLINE Eigentlich wollt ich ja nur ein Eis essen – – aber dann haben wir über den Zeppelin gesprochen. Du bist doch sonst nicht so kleinlich.

KASIMIR Das kann ich jetzt nicht so einfach überwinden.

KAROLINE Ich habe doch nur mit der Achterbahn fahren wollen.

Stille.

KASIMIR Wenn du gesagt hättest: lieber Kasimir, ich möchte gerne mit der Achterbahn fahren, weil ich das so gerne möchte – – dann hätte der Kasimir gesagt: fahre zu mit deiner Achterbahn!

KAROLINE So stell dich doch nicht so edel hin!

KASIMIR Schleim dich nur ruhig aus. Wer ist denn das eigentlich?

KAROLINE Das ist ein gebildeter Mensch. Ein Zuschneider.

Stille.

KASIMIR Du meinst also, daß ein Zuschneider etwas gebildeteres ist, wie ein ehrlicher Chauffeur?

KAROLINE Geh verdrehe doch nicht immer die Tatsachen!

KASIMIR Das überlasse ich dir! Ich konstatiere, daß du mich angelogen hast und zwar ganz ohne Grund! So schwing dich doch mit deinem gebildeten Herrn Zuschneider! Das sind freilich die feineren Kavaliere, als wie so ein armer Hund, der wo gestern abgebaut worden ist!

KAROLINE Und nur weil du abgebaut worden bist, soll ich jetzt vielleicht weinen? Gönnst einem schon gar kein Vergnügen, du Egoist!

KASIMIR Seit wann bin ich denn ein Egoist? Jetzt muß ich

aber direkt lachen! Hier dreht es sich doch nicht um deine Achterbahn, sondern um dein unqualifizierbares Benehmen, indem daß du mich angelogen hast!

SCHÜRZINGER Pardon – –

DER MERKL FRANZ *unterbricht ihn:* Jetzt halt aber endlich dein Maul und schau daß du dich verrollst! Fahr ab sag ich!

KASIMIR Laß ihn laufen, Merkl! Die zwei passen prima zusammen! *Zu Karoline.* Du Zuschneidermensch! *Stille.*

KAROLINE Was hast du jetzt da gesagt?

DER MERKL FRANZ Er hat jetzt da gesagt: Zuschneider-mensch. Oder Nutte, wie der Berliner sagt.

SCHÜRZINGER Kommen Sie, Fräulein!

KAROLINE Ja. Jetzt komme ich – – *Ab mit dem Schürzin-ger.*

DER MERKL FRANZ *sieht ihnen nach:* Glückliche Reise!

KASIMIR Zu zweit.

DER MERKL FRANZ Weiber gibts wie Mist! *Zu Erna.* Wie Mist.

ERNA So sei doch nicht so ordinär. Was hab ich denn dir getan?

DER MERKL FRANZ Du bist eben auch nur ein Weib. So und jetzt kauft sich der Merkl Franz eine Tasse Bier. Von wegen der lieblicheren Gedanken. Kasimir, geh mit!

KASIMIR Nein. Ich geh jetzt nachhaus und leg mich ins Bett. *Ab.*

DER MERKL FRANZ *ruft ihm nach:* Gute Nacht!

Drittes Bild

Beim Toboggan.
Am Ende der Rinne, in welcher die Tobogganbesucher am Hintern herunterrutschen. Wenn dabei die zuschauenden Herren Glück haben, dann können sie den herunterrutschenden Damen unter die Röcke sehen. Auch Rauch und Speer sehen zu.
Links ein Eismann mit türkischem Honig und Luftballons.
Rechts eine Hühnerbraterei, die aber wenig frequentiert wird, weil alles viel zu teuer ist.
Jetzt rutschen gerade Elli und Maria in der Rinne herunter und man kann ihnen unter die Röcke sehen.
Und die Luft ist voll Wiesenmusik.

RAUCH *zwinkert Elli und Maria zu, die wo sich mit ihren Büstenhaltern beschäftigen, welche sich durch das Herabrutschen verschoben haben.*

ELLI Ist das aber ein alter Hirsch.

MARIA Reichlich.

ELLI Ein Saubär ein ganz ein bremsiger.

MARIA Ich glaub, daß der andere ein Norddeutscher ist.

ELLI Wieso weswegen?

MARIA Das kenn ich am Hut. Und an die Schuh.

RAUCH *grinst noch immer.*

ELLI *blickt ihn freundlich an — — aber so, daß er es nicht hören kann:* Schnallentreiber dreckiger.

RAUCH *grüßt geschmeichelt.*

ELLI *wie zuvor:* Guten abend, Herr Nachttopf!

RAUCH *läuft das Wasser im Munde zusammen.*

ELLI *wie zuvor:* Das tät dir so passen, altes Scheißhaus — — denk lieber ans Sterben als wie an das Gegenteil! *Fröhlich lachend ab mit Maria.*

26

RAUCH Hipp hipp hurra!

SPEER Zwei hübsche Todsünden – was?

RAUCH Trotz Krise und Politik – – mein altes Oktoberfest, das bringt mir kein Brüning um. Hab ich übertrieben?

SPEER Gediegen. Sehr gediegen!

RAUCH Da sitzt doch noch der Dienstmann neben dem Geheimrat, der Kaufmann neben dem Gewerbetreibenden, der Minister neben dem Arbeiter – – so lob ich mir die Demokratie! *Er tritt mit Speer an die Hühnerbraterei; die beiden Herren fressen nun ein zartes knuspriges Huhn und saufen Kirsch und Wiesenbier.*

KAROLINE *kommt mit dem Schürzinger; sie etwas voraus – – dann hält sie plötzlich und er natürlich auch:* Muß denn das sein, daß die Männer so mißtrauisch sind? Wo man schon alles tut, was sie wollen.

SCHÜRZINGER Natürlich muß man sich als Mann immer in der Hand haben. Sie dürfen mich nicht falsch verstehen.

KAROLINE Warum?

SCHÜRZINGER Ich meine, weil ich zuvor eine Lanze für Ihren Herrn Bräutigam gebrochen hab. Er ist halt sehr aufgebracht – – es ist das doch kein Kinderspiel so plötzlich auf der Straße zu liegen.

KAROLINE Das schon. Aber das ist doch noch kein Grund, daß er sagt, daß ich eine Dirne bin. Man muß das immer trennen, die allgemeine Krise und das Private.

SCHÜRZINGER Meiner Meinung nach sind aber diese beiden Komplexe unheilvoll miteinander verknüpft.

KAROLINE Geh redens doch nicht immer so geschwollen daher! Ich kauf mir jetzt noch ein Eis. *Sie kauft sich bei dem Eismann Eis und auch der Schürzinger schleckt wieder eine Portion.*

RAUCH *deutet fressend auf Karoline:* Was das Mädchen dort für einen netten Popo hat – –
SPEER Sehr nett.
RAUCH Ein Mädchen ohne Popo ist kein Mädchen.
SPEER Sehr richtig.

SCHÜRZINGER Ich meine ja nur, daß man sich so eine Trennung genau überlegen muß mit allen ihren Konsequenzen.
KAROLINE Mit was denn für Konsequenzen? Ich bin doch eine berufstätige Frau.
SCHÜRZINGER Aber ich meine ja doch jetzt das seelische Moment.
Stille.
KAROLINE Ich bin nicht so veranlagt, daß ich mich beschimpfen lasse. Ich bin ja sogar blöd, daß ich mich derart mit Haut und Haar an den Herrn Kasimir ausgeliefert habe – – Ich hätt doch schon zwei Mal einen Beamten heiraten können mit Pensionsberechtigung.
Stille.
SCHÜRZINGER Ich möchte es halt nur nicht gerne haben, daß das jetzt so herschaut, als wäre vielleicht ich an dieser Entfremdung zwischen ihm und Ihnen schuld – – Ich habe nämlich schon einmal Mann und Frau entzweit. Nie wieder!
KAROLINE Sie haben doch vorhin gesagt, daß wenn der Mann arbeitslos wird, daß dann hernach auch die Liebe von seiner Frau zu ihm hin nachläßt – – und zwar automatisch.
SCHÜRZINGER Das liegt in unserer Natur. Leider.
KAROLINE Wie heißen Sie denn eigentlich mit dem Vornamen?
SCHÜRZINGER Eugen.
KAROLINE Sie haben so ausgefallene Augen.

SCHÜRZINGER Das haben mir schon manche gesagt.

KAROLINE Bildens Ihnen nur nichts ein!

Stille.

SCHÜRZINGER Gefällt Ihnen Eugen als Vorname?

KAROLINE Unter Umständen.

Stille.

SCHÜRZINGER Ich bin ein einsamer Mensch, Fräulein. Sehen Sie, meine Mutter zum Beispiel, die ist seit der Inflation taub und auch nicht mehr ganz richtig im Kopf, weil sie alles verloren hat – – so habe ich jetzt keine Seele, mit der ich mich aussprechen kann.

KAROLINE Habens denn keine Geschwister?

SCHÜRZINGER Nein. Ich bin der einzige Sohn.

KAROLINE Jetzt kann ich aber kein Eis mehr essen. *Ab mit dem Schürzinger.*

SPEER Eine merkwürdige Jugend diese heutige Jugend. Wir haben ja seinerzeit auch Sport getrieben, aber so merkwürdig wenig Interesse für die Reize des geistigen Lebens – –

RAUCH Eine eigentlich unsinnliche Jugend.

SPEER *lächelt:* Es bleibt ihnen zwar manches erspart.

RAUCH Ich hab immer Glück gehabt.

SPEER Ich auch, außer einmal.

RAUCH War sie wenigstens hübsch?

SPEER In der Nacht sind alle Katzen grau.

RAUCH *erhebt sein Glas:* Spezielles!

KAROLINE *rutscht nun die Rinne herunter, gefolgt von dem Schürzinger – – und Rauch und Speer können ihr unter die Röcke sehen.*

SCHÜRZINGER *erblickt Rauch, zuckt zusammen und grüßt überaus höflich, sogar gleich zweimal.*

RAUCH *dankt überrascht; zu Speer:* Wer ist denn das? Jetzt
grüßt mich da der Kavalier von dem netten Popo – –

KAROLINE *beschäftigt sich nun auch mit ihrem Büstenhalter:* Wer ist denn das dort?

SCHÜRZINGER Das ist er selbst. Kommerzienrat Rauch.
Mein Chef. Sie kennen doch die große Firma – – vier
Stock hoch und auch noch nach hinten hinaus.

KAROLINE Ach jaja!

SCHÜRZINGER Er hat zwar im Juni eine GmbH aus sich
gemacht, aber nur pro forma von wegen der Steuer und
so.

RAUCH *hatte sich mit Speer besprochen und nähert sich
nun bereits etwas angetrunken dem Schürzinger:* Verzeihen Sie der Herr! Woher haben wir das Vergnügen?

SCHÜRZINGER Mein Name ist Schürzinger, Herr Kommerzienrat.

RAUCH Schürzinger?

SCHÜRZINGER Kinderkonfektion. Abteilung Kindermäntel.
Stille.

RAUCH *zu Schürzinger:* Das Fräulein Braut?

KAROLINE Nein.
Stille.

RAUCH *steckt dem Schürzinger eine Zigarre in den Mund:*
Sehr angenehm! *Zu Karoline.* Dürfen der Herr Kommerzienrat das Fräulein zu einem Kirsch bitten?

KAROLINE Nein danke. Ich kann keinen Kirsch vertragen.
Ich möcht gern einen Samos.

RAUCH Also einen Samos! *Er tritt an die Hühnerbraterei.*
Einen Samos! *Zu Karoline.* Das ist mein bester Freund
aus Erfurt in Thüringen – – und ich stamme aus Weiden
in der Oberpfalz. Auf Ihr Wohlsein, Fräulein! Und
einen Kirsch für den jungen Mann da!

30

SCHÜRZINGER Verzeihung, Herr Kommerzienrat – – aber ich nehme nie Alkohol zu mir.

KASIMIR *erscheint und beobachtet.*

RAUCH Na wieso denn nicht?

SCHÜRZINGER Weil ich ein Antialkoholiker bin, Herr Kommerzienrat.

SPEER Aus Prinzip?

SCHÜRZINGER Wie man so sagt.

RAUCH Also derartige Prinzipien werden hier nicht anerkannt! Wir betrachten selbe als nichtexistent! Mit seinem Oberherrgott wird der junge Mann schon einen Kirsch kippen! Ex, Herr – –

SCHÜRZINGER Schürzinger. *Er leert das Glas und schneidet eine Grimasse.*

RAUCH Schürzinger! Ich hatte mal einen Erzieher, der hieß auch Schürzinger. War das ein Rhinozeros! Noch einen Samos! Und noch einen Kirsch für den Herrn Antialkoholiker – – den haben wir jetzt entjungfert in Sachen Alkohol. Sie vielleicht auch, Fräulein?

KAROLINE Oh nein! Ich trink nur nichts Konzentriertes und das gemischte Zeug hab ich schon gar nicht gern – – *Sie erblickt Kasimir.*

KASIMIR *winkt sie zu sich heran.*

KAROLINE *folgt nicht.*

KASIMIR *winkt deutlicher.*

KAROLINE *leert den Samos, stellt dann das Glas trotzig und umständlich hin und nähert sich langsam Kasimir.*

RAUCH Wer ist denn das? Don Quichotte?

SCHÜRZINGER Das ist der Bräutigam von dem Fräulein.

SPEER Tableau!

SCHÜRZINGER Sie möcht aber nichts mehr von ihm wissen.

RAUCH Schon wieder angenehmer!

KAROLINE Was willst du denn schon wieder?

Stille.

KASIMIR Was sind denn das dort für Leute?

KAROLINE Lauter alte Bekannte.

KASIMIR Sei nicht boshaft bitte.

KAROLINE Ich bin nicht boshaft. Der Dicke dort ist der berühmte Kommerzienrat Rauch, der wo Alleininhaber ist. Und der andere kommt aus Thüringen. Ein Landgerichtsdirektor.

KASIMIR Also lauter bessere Menschen. Du kannst mich jetzt nicht mehr aufregen.

Stille.

KAROLINE Was willst du noch?

KASIMIR Ich hab dich um Verzeihung bitten wollen von wegen meinem Mißtrauen und daß ich zuvor so grob zu dir war. Nein das war nicht schön von mir. Wirst du mir das verzeihen?

KAROLINE Ja.

KASIMIR Ich danke dir. Jetzt geht es mir schon wieder anders – – *Er lächelt.*

KAROLINE Du verkennst deine Lage.

KASIMIR Was für eine Lage?

Stille.

KAROLINE Es hat keinen Sinn mehr, Kasimir. Ich hab mir das überlegt und habe mich genau geprüft – – *Sie wendet sich der Schnapsbude zu.*

KASIMIR Aber das sind doch dort keine Menschen für dich! Die nützen dich doch nur aus zu ihrem Vergnügen!

KAROLINE So sei doch nicht so sentimental. Das Leben ist

hart und eine Frau, die wo etwas erreichen will, muß
einen einflußreichen Mann immer bei seinem Gefühlsleben packen.

KASIMIR Hast du mich auch dort gepackt?

KAROLINE Ja.

Stille.

KASIMIR Das ist nicht wahr.

KAROLINE Doch.

Stille.

KASIMIR Was willst du denn durch diese Menschen dort
erreichen?

KAROLINE Eine höhere gesellschaftliche Stufe und so.

KASIMIR Das ist aber eine neue Ansicht, die du da hast.

KAROLINE Nein das ist keine neue Ansicht – – aber ich
habe mich von dir tyrannisieren lassen und habe es dir
nachgesagt, daß eine Büroangestellte auch nur eine
Proletarierin ist! Aber da drinnen in meiner Seele habe
ich immer anders gedacht! Mein Herz und mein Hirn
waren ja umnebelt, weil ich dir hörig war! Aber jetzt ist
das aus.

KASIMIR Aus?

KAROLINE Du sagst es.

Stille.

KASIMIR So. Hm. Also das wird dann schon so sein. Der
Kasimir ist halt abgebaut. So und nicht anders. Da gibt
es keine Ausnahmen. Lächerlich.

KAROLINE Hast du mir noch etwas zu sagen?

Stille.

KASIMIR Lang bin ich herumgeschlichen und hab es mir
überlegt, ob ich dich nämlich um Verzeihung bitten
soll – – – – aber jetzt tut es mir leid. *Ab.*

KAROLINE *sieht ihm nach und wendet sich dann wieder
der Schnapsbude zu.*

Viertes Bild

Bei den Abnormitäten.
Drinnen im Zuschauerraum. Es ist gesteckt voll. Auch
Rauch, Speer, Karoline und der Schürzinger sitzen drin-
nen.

DER AUSRUFER Als fünftes darf ich Ihnen nun vorstellen
den Mann mit dem Bulldoggkopf!

DER MANN MIT DEM BULLDOGGKOPF *betritt die Bühne.*

DER AUSRUFER Emil, der Mann mit dem Bulldoggkopf, ist
vorgestern sechzehn Jahre alt geworden. Wie Sie sehen,
sind seine Unterkieferknochen abnorm stark ausgeprägt, so daß er mit seiner Unterlippe ohne weiteres
bequem seine Nase bedecken kann.

DER MANN MIT DEM BULLDOGGKOPF *tut es.*

DER AUSRUFER Emil kann seinen Mund nicht öffnen und
wird daher künstlich ernährt. Man könnte ihm zwar
durch eine überaus schwierige Operation den Mund
öffnen, aber dann hinwiederum könnte er seinen Mund
nie schließen. Sie sehen hier, was die Natur für Spiele zu
betreiben beliebt und welch seltsame Menschen auf
unserer Erde hausen.

DER MANN MIT DEM BULLDOGGKOPF *verbeugt sich und ab.*

DER AUSRUFER Und nun, meine Herrschaften, kommen
wir zu sechsten Nummer und damit zum Clou unserer
Serie. Juanita, das Gorillamädchen!

JUANITA *betritt die Bühne.*

DER AUSRUFER Juanita wurde in einem kleinen Dorfe bei
Zwickau geboren. Wieso es gekommen war, daß sie in
Hinsicht auf ihre körperliche Gestaltung nicht wie an-
dere Menschenkinder das Licht der Welt erblickt hatte,

das ist ein Rätsel der Wissenschaft. Wie sich die Herrschaften überzeugen können, ist Juanita am ganzen Leibe tierisch behaart und auch die Anordnung der inneren Organe ist wie bei einem Tier – –

Surren in der Luft, und zwar immer stärker und stärker; draußen Geheul und allgemeiner Musiktusch.
RAUCH *schnellt empor:* Der Zeppelin! Der Zeppelin!
Ohrenbetäubendes Surren, die Zuschauer stürzen in das Freie – – und nun beschreibt der Zeppelin einige Schleifen über der Oktoberfestwiese.

JUANITA *will auch hinaus.*
DER AUSRUFER Zurück! Meschugge?
JUANITA Aber der Zeppelin – –
DER AUSRUFER Aber ausgeschlossen! Unmöglich! Zurück!

DER MANN MIT DEM BULLDOGGKOPF *erscheint mit den übrigen Abnormitäten, der dicken Dame, dem Riesen, dem jungen Mädchen mit Bart, dem Kamelmenschen und den zusammengewachsenen Zwillingen.*
DER AUSRUFER Ja wer hat euch denn gerufen?! Was nehmt Ihr euch denn da heraus?!
DIE DICKE DAME Aber der Zeppelin – –

DER LILIPUTANER *erscheint auf der Bühne mit einer Hundepeitsche:* Heinrich! Was gibts denn da?
DER AUSRUFER Direktor! Die Krüppel sind wahnsinnig geworden! Sie möchten den Zeppelin sehen!
DER LILIPUTANER *scharf:* Sonst noch was gefällig?!
Stille.
DER LILIPUTANER Auf die Plätze! Aber schleunigst bitte! Was braucht Ihr einen Zeppelin zu sehen – – wenn man euch draußen sieht, sind wir pleite! Das ist ja Bolschewismus!

35

JUANITA Also beschimpfen laß ich mich nicht! *Sie weint.*
DER MANN MIT DEM BULLDOGGKOPF *röchelt, wankt und faßt sich ans Herz.*
DIE DICKE DAME Johann! Johann – –
DER LILIPUTANER Raus mit euch! Marsch marsch!
DIE DICKE DAME *stützt den Mann mit dem Bulldoggkopf:* Der arme Johann – – er hat doch so ein schwaches Herz – – *Sie zieht sich zurück mit den übrigen Abnormitäten, nur Juanita bleibt zurück.*

DER LILIPUTANER *plötzlich sanft:* Also nur nicht weinen, kleine Juanita – – hier hast du Bonbons – – schöne Pralinen – –
JUANITA Sie sollen mich nicht immer beschimpfen, Herr Direktor – – das ist doch wirklich schon unchristlich.
DER LILIPUTANER Nichts für ungut. Da – – *Er übergibt ihr die Pralinen und ab.*

JUANITA *verzehrt apathisch die Pralinen – inzwischen erscheinen Karoline und der Schürzinger wieder im Zuschauerraum und setzen sich in die hinterste Bankreihe.*

KAROLINE Er sieht schön aus, der Zeppelin – – auch in der Nacht, so beleuchtet. Aber wir fliegen ja nicht mit.
SCHÜRZINGER Bestimmt.
KAROLINE Sie schaun mich so komisch an.
SCHÜRZINGER Sie mich auch.
Stille.
KAROLINE Ich glaub, ich habe schon einen kleinen sitzen. Und Sie haben noch nie einen Alkohol getrunken?
SCHÜRZINGER Noch nie.
KAROLINE Und auch sonst sind der Herr so zurückhaltend?
SCHÜRZINGER Das wieder weniger eigentlich.

KAROLINE *gibt ihm plötzlich einen kurzen Kuß.*
  Stille.
SCHÜRZINGER Jetzt kenn ich mich nicht mehr aus. Ist das
  jetzt der Alkohol oder – – es geht nämlich etwas vor in
  mir, was ich nicht kontrollieren kann. Wenn man zum
  Beispiel Geld hätte – –
KAROLINE *unterbricht ihn:* Geh sei doch nicht so fad!
  Stille.
SCHÜRZINGER Sind wir jetzt per du?
KAROLINE Für diesen heutigen Abend – –
SCHÜRZINGER Und für sonst?
KAROLINE Vielleicht!
  Stille.
KAROLINE Du heißt Eugen?
SCHÜRZINGER Ja.
KAROLINE Und ich heiße Karoline. Warum lachst du
  jetzt?
SCHÜRZINGER Weil ich mich freu.

DIE ZUSCHAUER *betreten nun wieder den Zuschauerraum,
  weil der Zeppelin bereits unterwegs nach Friedrichshafen ist.*
DER AUSRUFER *schlägt auf den Gong:* Meine Damen und
  Herren! Wir waren dort stehen geblieben, daß Juanita
  auf dem ganzen Leibe tierisch behaart und daß auch die
  Anordnung ihrer inneren Organe wie bei einem Tier
  ist. Trotzdem hat Juanita aber eine äußerst rege Phantasie. So spricht sie perfekt englisch und französisch
  und das hat sie sich mit zähem Fleiße selbst beigebracht. Und nun wird sich Juanita erlauben, den Herrschaften eine Probe ihrer prächtigen Naturstimme zu
  geben! Darf ich bitten – – *Auf einem ausgeleierten Piano
  ertönt die Barcarole aus Hoffmanns Erzählungen.*
JUANITA *singt – – und während sie singt legt Schürzinger*

37

seinen Arm um Karolinens Taille und auch ihre Waden
respektive Schienbeine berühren sich:
Schöne Nacht, du Liebesnacht
O stille mein Verlangen!
Süßer als der Tag uns lacht
Die schöne Liebesnacht.
Flüchtig weicht die Zeit unwiederbringlich unserer
Liebe
Fern von diesem lauschgen Ort entweicht die flüchtige
Zeit
Zephire lind und sacht
Die uns kosend umfangen
Zephire haben sacht
Sanfte Küsse gebracht – –
Ach.
Schöne Nacht, du Liebesnacht
O stille das Verlangen.
Süßer als der Tag uns lacht
Die schöne Liebesnacht – –
Ach.

Fünftes Bild

Beim Wagnerbräu.
Mit der festlichen Blechmusikkapelle.
Der Merkl Franz ist aufgeräumt und seine Erna mehr be-
scheiden, während Kasimir melancholisch daneben hockt.

I.

ALLES *außer Kasimir, singt:*
  Solang der alte Peter
  Am Petersbergerl steht
  Solang die grüne Isar
  Durchs Münchnerstadterl fließt
  Solang am Platzl drunten
  Noch steht das Hofbräuhaus
  Solang stirbt die Gemütlichkeit
  Zu München nimmer aus
  Solang stirbt die Gemütlichkeit
  Zu München nimmer aus!
  Ein Prosit, ein Prosit der Gemütlichkeit!
  Eins, zwei, drei – – gsuffa!!

II.

DER MERKL FRANZ Prost Kasimir! Sauf damit du etwas
  wirst!
KASIMIR Was soll ich denn schon werden? Vielleicht gar
  ein Kommerzienrat!
DER MERKL FRANZ So gründ doch eine neue Partei! Und
  werd Finanzminister!

KASIMIR Wer den Schaden hat, hat auch den Spott.

DER MERKL FRANZ Wem nicht zu raten ist, dem ist nicht zu helfen.

Stille.

KASIMIR Jetzt bin ich ein Kraftwagenführer und habe den Führerschein A drei und den Führerschein B drei.

DER MERKL FRANZ Sei nur froh, daß du deine Braut nicht mehr hast, diese arrogante Person!

KASIMIR Das Fräulein sind halt eine Büroangestellte.

DER MERKL FRANZ Das ist noch kein Entschuldigungsgrund.

KASIMIR Überhaupt sind alle Weiber minderwertige Subjekte – – Anwesende natürlich ausgenommen. Sie verkaufen ihre Seele und verraten in diesem speziellen Falle mich wegen einer Achterbahn.

ERNA Wenn ich ein Mann wär, dann tät ich keine Frau anrühren. Ich vertrag schon den Geruch nicht von einer Frau. Besonders im Winter.

III.

ALLES *außer Kasimir singt nun wieder:*
Ich schieß den Hirsch im wilden Forst
Im dunklen Wald das Reh
Den Adler auf der Klippe Horst
Die Ente auf dem See.
Kein Ort der Schutz gewähren kann
Wenn meine Büchse knallt – –
Und dennoch hab ich harter Mann
Die Liebe schon gespürt.
Plötzliche Stille.

KASIMIR Und dennoch hab ich harter Mann die Liebe schon gespürt – – und das ist ein Himmelslicht, das in jedes Menschen Aug sich bricht. Und die Liebe macht deine Hütte zu einem Goldpalast – – und sie höret nimmer auf, solang daß du nämlich nicht arbeitslos wirst. Was sind denn das schon überhaupt für Ideale von wegen dem seelischen Ineinanderhineinfließen zweier Menschen? Adam und Eva! Ich scheiß dir was auf den Kontakt – – da hab ich jetzt noch ein Kapital von rund vier Mark, aber heut sauf ich mich an und dann häng ich mich auf – – und morgen werden die Leut sagen: es hat einmal einen armen Kasimir gegeben – –

DER MERKL FRANZ Einen Dreck werden die Leut sagen! Da sterben ja täglich Tausende – – und die sind doch schon vergessen, bevor daß sie sterben! Vielleicht, daß wenn du ein politischer Toter wärst, nacher tätst noch mit einem Pomp begraben werden, aber schon morgen vergessen – – vergessen!

KASIMIR Ja man ist ziemlich allein.

DER MERKL FRANZ Prost Arschloch!

V.

ALLES *außer Kasimir, singt nun abermals:*
  Trink, trink, Brüderlein trink
  Lasset die Sorgen zuhaus
  Deinen Kummer und deinen Schmerz
  Dann ist das Leben ein Scherz
  Deinen Kummer und deinen Schmerz
  Dann ist das Leben ein Scherz!
  Plötzlich Stille.

KASIMIR *erhebt sich:* So. Jetzt werd ich aber elementar. Eigentlich sollt ich jetzt zur Karoline nachhause gehen und ihr alle Kleider aus ihrem Kleiderschrank herausreißen und zerreißen, bis die Fetzen fliegen! Jetzt werd ich aber ganz ekelhaft! *Wankend ab.*

ERNA Wo geht denn der da hin?

DER MERKL FRANZ Wenn er nicht hineinfallt, kommt er wieder heraus.

ERNA Ich hab nämlich direkt Angst – –

DER MERKL FRANZ Der tut sich doch nichts an.

ERNA Aber ich glaub es nicht, daß der eine robuste Natur ist. Der ist mehr empfindsam.

DER MERKL FRANZ Du hast ja eine scharfe Beobachtungsgabe.

Stille.

ERNA Du Franz – – laß ihn doch laufen bitte.

DER MERKL FRANZ Wen?

ERNA Den Kasimir.

DER MERKL FRANZ Wieso laufen lassen?

ERNA Der paßt doch nicht zu uns, das hab ich jetzt direkt im Gefühl – – Beeinflusse ihn nicht bitte.

DER MERKL FRANZ Und warum nicht?

ERNA Weil das ist ja auch nichts, was wir da treiben.

DER MERKL FRANZ Seit wann denn?

Stille.

ERNA Geh so tu doch deine Finger aus meinem Bier!

DER MERKL FRANZ Du hast eine scharfe Beobachtungsgabe.

ERNA So tu doch die Finger da raus – –

DER MERKL FRANZ Nein. Das kühlt mich so angenehm. Mein heißes Blut.

ERNA *reißt plötzlich seine Hand aus ihrem Bierkrug.*

DER MERKL FRANZ *grinst perplex.*

VIII.

KASIMIR *erscheint mit Elli und Maria – – er hält beide umarmt:* Darf ich bekannt machen! Wir drei Hübschen haben uns gerade soeben vor der Toilette kennengelernt! Merkl, kannst du mir das Phänomen erklären, warum daß die Damenwelt immer zu zweit verschwindet?

MARIA Pfui!

DER MERKL FRANZ Hier gibt es kein Pfui, Fräulein!

KASIMIR Wir sind alles nur Menschen! Besonders heute! *Er setzt sich und läßt Elli auf seinem Schoß Platz nehmen.*

ELLI *zum Merkl Franz:* Stimmt das jetzt, daß dieser Herr einen Kompressor besitzt?

DER MERKL FRANZ Natürlich hat der einen Kompressor! Und was für einen!

MARIA *zu Elli:* Geh so lasse dich doch nicht so anschwindeln! Der und ein Kompressor!

KASIMIR *zu Maria:* Wenn der Kasimir sagt, daß er einen Kompressor hat, dann hat er aber auch einen Kompressor – – merk dir das, du Mißgeburt!

ELLI *zu Maria:* So sei doch auch schon still.

KASIMIR *streichelt Elli:* Du bist ein anständiges Wesen. Du gefällst mir – – jetzt. Du hast so schöne weiche Haare und einen glatten Teint.

ELLI Ich möcht gern was zum trinken.

KASIMIR Da! Sauf!

ELLI Da ist ja kein Tropfen mehr drinnen.

KASIMIR Bier her!

KELLNERIN *geht gerade vorbei und stellt ihm eine Maß hin:* Gleich zahlen bitte!

KASIMIR *kramt in seinen Taschen:* Zahlen bitte, zahlen bitte – – Ja Herrgottsackelzement, hab ich denn jetzt da schon das ganze Geld weg – –

KELLNERIN *nimmt die Maß wieder mit.*

ELLI *erhebt sich.*

MARIA Und so etwas möchte einen Kompressor haben? Ich hab es dir ja gleich gesagt, daß so etwas im besten Falle ein Fahrrad hat. Auf Abzahlung.

KASIMIR *zu Elli:* Komm, geh her – –

ELLI *winkt:* Grüßdich Gott, Herr Kompressor – – *Ab mit Maria.*

IX.

KASIMIR Zahlen bitte – – o du mein armer Kasimir! Ohne Geld bist halt der letzte Hund!

DER MERKL FRANZ Kasimir, der Philosoph.

KASIMIR Wenn man nur wüßt, was daß man für eine Partei wählen soll – –

DER MERKL FRANZ Kasimir, der Politiker.

KASIMIR Leck mich doch du am Arsch, Herr Merkl! *Stille.*

DER MERKL FRANZ Schau mich an.

KASIMIR *schaut ihn an.*

DER MERKL FRANZ Es gibt überhaupt keine politische Partei, bei der ich noch nicht dabei war, höchstens Splitter. Aber überall markieren die anständigen Leut den blöden Hund! In einer derartigen Weltsituation muß man es eben derartig machen, wie zum Beispiel ein gewisser Merkl Franz.

KASIMIR Nein. So private Aktionen haben wenig Sinn.

DER MERKL FRANZ *streckt ihm seine Hand hin:* Das liegt in deiner Hand – –

KASIMIR *stiert abwesend vor sich hin:* Das weiß ich jetzt noch nicht.

ERNA So lasse ihn doch, wenn er nicht mag.
Stille.

DER MERKL FRANZ *fixiert Erna grimmig – – plötzlich schüttet er ihr sein Bier in das Gesicht.*

ERNA *schnellt empor.*

DER MERKL FRANZ *drückt sie auf ihren Platz zurück:* Da bleibst! Sonst tritt ich dir in das Gesicht!

x.

ALLES *außer Kasimir, Erna und dem Merkl Franz, singt:*
Und blühn einmal die Rosen
Ist der Winter vorbei
Nur der Mensch hat alleinig
Einen einzigen Mai
Und die Vöglein die ziehen
Und fliegen wieder her
Nur der Mensch bald er fortgeht
Nacher kommt er nicht mehr.

Sechstes Bild

Im Hippodrom.
Rauch, Speer, Karoline und Schürzinger betreten es.

I.

RAUCH *zu Karoline:* Na wie wärs mit einem kühnen Ritt?
Wir sind doch hier im Hippodrom!

KAROLINE Fein! Aber nur keinen Damensattel – – von
wegen dem festeren Halt.

RAUCH Schneidig!

SPEER Das Fräulein denkt kavalleristisch.

KAROLINE Wenn ich einmal reit, möcht ich aber gleich
zweimal reiten – –

RAUCH Auch dreimal!

KAROLINE Fein! *Ab in die Manege.*

II.

SPEER *ruft ihr nach:* Auch viermal!

RAUCH Auch ixmal! *Er setzt sich mit Speer an ein Tisch-*
chen auf der Estrade und läßt Flaschenwein auffahren.

SCHÜRZINGER *bleibt aber drunten stehen und stiert Karo-*
line ständig nach; jetzt wird ein altes lahmes Pferd mit
einem Damensattel, in dem ein zehnjähriges kurzsich-
tiges Mädchen sitzt, an der Estrade vorbei in die Ma-
nege geführt – – gleich darauf ertönt Musik, die wo
dann immer wieder mitten im Takt abbricht, wenn
nämlich einige Runden vorbei sind und man neu bezah-
len muß; auch Peitschengeknalle ist zu vernehmen;

46

Schürzinger stellt sich auf einen Stuhl, um besser zusehen zu können; auch Rauch und Speer sehen natürlich zu.

RAUCH Wacker! Prima!

SPEER Eine Amazone!

RAUCH Ein Talent! Da wackelt der Balkon! Radfahrende Mädchen erinnern von hinten an schwimmende Enten.

SPEER *wendet sich wieder dem Flaschenwein zu:* Mensch Rauch! Wie lange habe ich keinen Gaul mehr unter mir gehabt!

RAUCH Tatsächlich?

SPEER 1912 – – da konnt ich mir noch zwei Pferde halten. Aber heute? Ein armer Richter. Wo sind die Zeiten! Das waren zwei Araber. Stuten. Rosalinde und Yvonne.

RAUCH *hat sich nun auch wieder dem Flaschenwein zugewandt:* Du hast doch auch spät geheiratet?

SPEER Immer noch früh genug.

RAUCH Das sowieso. *Er erhebt sein Glas.* Spezielles!
Stille.

RAUCH Ich hab mein Weib nach Arosa und überallhin – – der Junge ist ja kerngesund.

SPEER Wann macht er denn seinen Doktor?

RAUCH Nächstes Semester. Wir werden alt.
Stille.

SPEER Ich bin schon zweimal Großpapa. Es bleibt immer etwas von einem zurück. Ein Körnchen.

III.

KAROLINE *erscheint nun wieder und möchte an den Schürzinger vorbei, der noch immer auf dem Stuhle steht.*

SCHÜRZINGER *gedämpft:* Halt! In deinem Interesse.

KAROLINE Auweh.

SCHÜRZINGER Wieso auweh?

KAROLINE Weil wenn ein Mann so anfangt, dann hat er Hintergedanken.

SCHÜRZINGER *steigt langsam vom Stuhl herab und tritt dicht an Karoline heran:* Ich habe keine Hintergedanken. Ich bin jetzt nämlich wieder etwas nüchterner geworden. Bitte trinke keinen Alkohol mehr.

KAROLINE Nein. Heut trink ich was ich will.

SCHÜRZINGER Du kannst es dir nicht ausmalen in deiner Phantasie, was die beiden Herrschaften dort über dich reden.

KAROLINE Was reden Sie denn über mich?

SCHÜRZINGER Sie möchten dich betrunken machen.

KAROLINE O ich vertrag viel.

Stille.

SCHÜRZINGER Und dann sagt er es ganz offen heraus, der Herr Kommerzienrat.

KAROLINE Was?

SCHÜRZINGER Daß er dich haben möchte. Erotisch. Noch heute Nacht.

Stille.

KAROLINE So. Also haben möchte er mich — —

SCHÜRZINGER Er sagt es vor mir, als wäre ich ein Nichts. So etwas ist doch keine Gesellschaft für dich. Das ist doch unter deiner Würde. Komm, empfehlen wir uns jetzt auf französisch — —

KAROLINE Wohin?

Stille.

SCHÜRZINGER Wir können auch noch einen Tee trinken. Vielleicht bei mir.

Stille.

KAROLINE Du bist auch nur ein Egoist. Akkurat der Herr Kasimir.

SCHÜRZINGER Jetzt sprichst du spanisch.

KAROLINE Jawohl, Herr Kasimir!

SCHÜRZINGER Ich heiße Eugen.

KAROLINE Und ich heiße Karoline.

Stille.

SCHÜRZINGER Ich bin nämlich ein schüchterner Mensch.
Und zuvor bei den Abnormitäten, da habe ich über eine
gemeinsame Zukunft geträumt. Aber das war eben nur
eine momentane Laune von einem gewissen Fräulein
Karoline.

KAROLINE Jawohl, Herr Eugen.

SCHÜRZINGER Oft verschwendet man seine Gefühle – –

KAROLINE Menschen ohne Gefühl haben es viel leichter
im Leben. *Sie läßt ihn stehen und wendet sich der
Estrade zu; Schürzinger setzt sich nun auf den Stuhl.*

IV.

RAUCH Ich gratuliere!

SPEER Sie sind talentiert. Das sage ich Ihnen als alter
Ulan.

KAROLINE Ich dachte, der Herr wär ein Richter.

SPEER Haben Sie schon mal einen Richter gesehen, der
kein Offizier war? Ich nicht!

RAUCH Es gibt schon einige – –

SPEER Juden!

KAROLINE Also nur keine Politik bitte!

SPEER Das ist doch keine Politik!

RAUCH Ein politisch Lied ein garstig Lied – – *Er prostet
mit Karoline.* Auf unseren nächsten Ritt!

KAROLINE Ich möchte ja sehr gerne noch reiten. Die dreimal waren so schnell herum.

RAUCH Also noch einmal dreimal!

SPEER *erhebt sein Glas:* Rosalinde und Yvonne! Wo seid

49

ihr jetzt? Ich grüße euch im Geiste! Was ist ein Kabriolett neben einem Gaul!

KAROLINE O ein Kabriolett ist schon auch etwas feudales!

SPEER *wehmütig:* Aber man hat doch nichts organisches
unter sich – –

RAUCH *leise:* Darf ich Ihnen eröffnen, daß ich ein feudales
Kabriolett besitze. Ich hoffe, Sie fahren mit.
Stille.

KAROLINE Wohin?

RAUCH Nach Altötting.

KAROLINE Nach Altötting ja – – *Ab wieder in die Manege – – an dem Schürzinger vorbei, der nun einen
seiner Mitesser in seinem Taschenspiegel aufmerksam
betrachtet.*

V.

RAUCH *ist nun bereits ziemlich betrunken – – selig diri-
giert er vor sich hin, als wäre er der Kapellmeister der
Hippodrommusik; die spielt gerade einen Walzer.*

SPEER *ist noch betrunkener:* Altötting? Wo liegt denn
Altötting?

RAUCH *singt nach den Walzerklängen:* In meinem Käm-
merlein – – eins zwei drei – – in meinem Bettelein – –
eins zwei drei – – *Er summt.*

SPEER Und dein Herr Angestellter dort?

RAUCH *brüllt ihn plötzlich an:* Nur kein Neid! *Er erhebt
sich und torkelt zu dem Schürzinger.* Herr – –

SCHÜRZINGER *ist aufgestanden:* Schürzinger.

RAUCH Stimmt. Auffallend! Hier hat er eine Zigarre – –
ein gelungener Abend.

SCHÜRZINGER Sehr gelungen, Herr Kommerzienrat.

RAUCH Apropos gelungen: kennen Sie die historische

Anekdote von Ludwig dem Fünfzehnten, König von Frankreich – – Hören Sie her: Ludwig der Fünfzehnte ging eines abends mit seinem Leutnant und dessen Braut in das Hippodrom. Und da hat sich jener Leutnant sehr bald verabschiedet, weil er sich überaus geehrt gefühlt hat, daß sein Monarch sich für seine Braut so irgendwie interessiert – – Geehrt hat er sich gefühlt! Geehrt!

Stille.

SCHÜRZINGER Ja diese Anekdote ist mir nicht unbekannt. Jener Leutnant wurde dann bald Oberleutnant – –

RAUCH So? Das ist mir neu.

Stille.

SCHÜRZINGER Darf ich mich empfehlen, Herr Kommerzienrat – – *Ab.*

VI.

RAUCH *sieht ihm nach:* Ein Reptil.

VII.

SPEER *nähert sich Rauch; er ist nun total betrunken:* Herr Kommerzienrat. Sie sind wohl wahnsinnig geworden, daß Sie mich so anbrüllen – – Sie wissen wohl nicht, wen Sie vor sich haben! Speer! Landgerichtsdirektor!

RAUCH Freut mich!

SPEER Sie mich auch!

Stille.

RAUCH Lieber Werner, mir scheint, du bist besoffen.

SPEER Ist das dein Ernst, Konrad?

RAUCH Absolut.

Stille.

SPEER Das Gericht zieht sich zur Beratung zurück. Das
Gericht erklärt sich für nicht befangen. Keine Bewährungsfrist. Versagung mildernder Umstände. Keine Bewährungsfrist!

RAUCH *boshaft:* Gibts denn in Erfurt keine Mädchen?

SPEER Kaum.

RAUCH *grinst:* Ja was machen denn dann die Erfurter?

SPEER *fixiert ihn grimmig – – plötzlich versetzt er ihm
einen gewaltigen Stoß und tritt sogar nach ihm, erwischt ihn aber nicht.*
Stille.

RAUCH Soll eine vierzigjährige Freundschaft so zerbrechen?

SPEER Im Namen des Königs – – *Er hebt die Hand zum
Schwur.* Bei dem Augenlichte meiner Enkelkinder
schwör ich es dir, jetzt sind wir zwei getrennt – – von
Tisch und Bett! *Er torkelt ab.*

VIII.

RAUCH *sieht ihm nach:* Traurig, aber wahr – – auch ein
Reptil. Ein eifersüchtiges Reptil. Aber der Konrad
Rauch, der stammt aus einem alten markigen Bauerngeschlecht und solche Paragraphen anerkennt er nicht!
Trotz seiner zweiundsechzig Jahr! Au – – *Er windet sich
plötzlich und setzt sich auf Schürzingers Stuhl.* Was war
denn jetzt das? – – – – Hoffentlich werd ich heut Nacht
nicht wieder schwindlig – – – – der Joseph hat ja einen
Blutsturz gehabt – – Achtung Achtung, Konrad Rauch!
Achtung!

KAROLINE *erscheint und sieht sich um.*
    Stille.
KAROLINE Wo ist denn der Herr Schürzinger?
RAUCH Er läßt sich bestens empfehlen.
    Stille.
KAROLINE Und der Herr Ulanenoffizier ist auch fort?
RAUCH Wir sind allein.
    Stille.
KAROLINE Fahren wir wirklich nach Altötting?
RAUCH Jetzt. *Er versucht aufzustehen, muß sich aber gleich wieder setzen, und zwar schmerzverzerrt.* Was verdienen Sie monatlich?
    Stille.
KAROLINE Fünfundfünfzig Mark.
RAUCH Schön.
KAROLINE Ich bin auch froh, daß ich das habe.
RAUCH In der heutigen Zeit.
KAROLINE Nur hat man so gar keinen Zukunftsblick. Höchstens, daß ich mich verdreifache. Aber dann bin ich schon grau.
RAUCH Zukunft ist eine Beziehungsfrage – – *Jetzt erhebt er sich* – – und Kommerzienrat Konrad Rauch ist eine Beziehung. Auf nach Altötting!
Musiktusch.

Siebentes Bild

Auf dem Parkplatz für die Privatautos hinter der Ok-
toberfestwiese. Im Vordergrund eine Bank.
Der Merkl Franz taucht auf mit seiner Erna und Kasi-
mir.

I.

DER MERKL FRANZ Alsdann hier hätten wir es. Es treibt
sich da nämlich nur der bewußte eine Parkwächter
herum – – und der steht meistens dort drüben, weil man
von dort die schönere Aussicht auf die Festwiese hat.
Erna! Jetzt werd aber endlich munter!

ERNA Ich bin ja noch naß von dem Bier.

DER MERKL FRANZ Das war doch nur halb so tragisch
gemeint.

ERNA Tut es dir leid?
Stille.

DER MERKL FRANZ Nein.
In der Ferne ertönt ein Pfiff.

DIE DREI LEUT *lauschen.*

DER MERKL FRANZ Kriminaler?

ERNA Gib nur acht, Franz!

DER MERKL FRANZ A priori habt ihr das hier zu tun – –
wenn sich was Unrechtes rühren sollte. Heut parken ja
da allerhand hochkapitalistische Limousinen. Lauter
Steuerhinterzieher – – *Er verschwindet zwischen den*
Limousinen.

II.

KASIMIR *wie zu sich:* Auf Wiedersehen.

III.

ERNA Der Merkl hat doch eine komische Natur. Zuerst
bringt er einen um und dann tut es ihm leid.

KASIMIR Er ist halt kein durchschnittlicher Mensch.

ERNA Weil er sehr intelligent ist. Der druckt so ein Auto-
türerl auf und ein Fensterscheiberl ein – – da hörst aber
keinen Laut.

KASIMIR Es bleibt einem ja nichts anderes übrig.

ERNA Das schon vielleicht.

Stille.

KASIMIR Vorgestern, da hätt ich dem noch das Kreuz
abgeschlagen und die Gurgel hergedruckt, der es sich
herausgenommen hätte, etwas aus meinem Auto herauszuholen – – und heut ist das umgekehrt. So ändert
man sich mit dem Leben.

ERNA Ich seh heut so schlecht. Ich bin noch geblendet
durch das Licht.

KASIMIR Ich weniger.

Stille.

ERNA Oft male ich mir eine Revolution aus – – dann seh ich
die Armen durch das Siegestor ziehen und die Reichen im
Zeiserlwagen, weil sie alle miteinander gleich soviel lü-
gen über die armen Leut – – Sehens, bei so einer Revolu-
tion, da tät ich gerne mit der Fahne in der Hand sterben.

KASIMIR Ich nicht.

ERNA Meinen Bruder, den haben sie in einer Kiesgrube
erschossen – – Wissens seinerzeit, wo damals der Krieg
aus war – – 1919.

KASIMIR Das ist auch nichts.

ERNA Aber mein Bruder hat sich doch aufgeopfert.

KASIMIR Das wird ihm halt mehr Vergnügen gemacht haben, daß er sich aufgeopfert hat.

ERNA Geh redens doch nicht so saudumm daher! Da hat ja noch selbst der Merkl Franz eine Achtung vor meinem toten Bruder!

Stille.

KASIMIR Dann bin ich halt schlechter als wie der Merkl Franz.

ERNA Weil Sie halt auch sehr verbittert sind.

KASIMIR Ich glaub es aber nicht, daß ich gut bin.

ERNA Aber die Menschen wären doch gar nicht schlecht, wenn es ihnen nicht schlecht gehen tät. Es ist das eine himmelschreiende Lüge, daß der Mensch schlecht ist.

IV.

DER MERKL FRANZ *kommt mit einer Aktentasche zwischen den Limousinen hervor:* Da. Eine Aktentasche – – *Er holt aus ihr einige Bücher heraus und entziffert die Titel.* Wer bist Du Weib? Verbrechen und Prostitution. Das lasterhafte Weib. Sklave und Herrin – – – – und ein Kuvert: Hern Kommerzienrat Konrad Rauch – – – – Ich glaube, daß wir diese Bibliothek dem Herrn Kommerzienrat wieder zurückschenken könnten – – *Zu Erna.* Oder hast du vielleicht ein Interesse an diesem Sklave und Herrin?

ERNA Nein.

DER MERKL FRANZ Drum.

KASIMIR Ich auch nein.

DER MERKL FRANZ Brav. Sehr brav. – – Aber ihr müßt doch da so hin und her zum Scheine – – das fällt doch auf, wenn ihr da so festgewurzelt herumsteht – – *Er verschwindet wieder zwischen den Limousinen.*

V.

ERNA Also kommens hin und her – –
KASIMIR Verzeihen Sie mir bitte.
ERNA Was denn?
KASIMIR Ich hab mir das nämlich jetzt überlegt. Ja das war wirklich pietätlos von mir – – diese Anspielung zuvor mit Ihrem toten Bruder.
Stille.
ERNA Das hab ich gewußt von Ihnen, Herr Kasimir. *Ab mit ihm.*

VI.

SPEER *kommt mit Elli und Maria; er ist wieder etwas nüchterner geworden, aber noch immer betrunken.*
MARIA Nein das sind hier nur Privatautos, die Mietautos stehen dort vorne.
ELLI *bleibt plötzlich zurück.*
SPEER Na was hat sie denn, das blonde Gift – –
MARIA Ich weiß nicht, was die hat. Das hat sie nämlich oft, daß sie plötzlich so streikt – – *Sie ruft.* Elli!
ELLI *gibt keine Antwort.*
MARIA Elli! So komme doch her!
ELLI *rührt sich nicht.*
SPEER Im Namen des Volkes!
MARIA Ich werd sie schon holen – – *Sie nähert sich Elli.*

MARIA *zu Elli:* So sei doch nicht so damisch!

ELLI Nein. Ich tue da nicht mit.

SPEER *lauscht, hört aber nichts.*

MARIA Das habe ich gern – – zuerst bist frech und herausfordernd zu den Herren der Schöpfung, aber dann ziehst du den Schwanz ein! So sei doch nicht so blöd. Wir kriegen ja zehn Mark. Du fünf und ich fünf. Denk doch auch ein bißchen an dein armes Kind!
Stille.

ELLI Aber der alte Sauhund ist doch ganz pervers.

MARIA Geh das ist doch nur Munderotik!

SPEER *senil:* Elli! Elli! Ellile – – Ellile – –

MARIA Komm, sei friedlich – – *Sie führt Elli zu Speer und nun spielt auf der Oktoberfestwiese eine Blechmusikkapelle den Avanciermarsch – – dann ist eine Zeit lang kein Mensch zu sehen.*

RAUCH *kommt mit Karoline; sie halten vor seinem feudalen Kabriolett und er sucht den Schlüssel.*

KAROLINE Das ist doch da ein Austro-Daimler.

RAUCH Erraten! Bravo!

KAROLINE Mein ehemaliger Bräutigam hat auch einen Austro-Daimler gefahren. Er war nämlich ein Chauffeur. Ein komischer Mensch. Zum Beispiel vor drei Monaten da wollten wir zwei eine Spritztour machen hinaus in das Grüne – – und da hat er einen Riesenkrach mit einem Kutscher bekommen, weil der seinen Gaul geprügelt hat. Denkens, wegen einem Gaul! Und dabei ist er selbst doch ein Chauffeur. Man muß das schon zu würdigen wissen.

RAUCH *hatte endlich seinen Schlüssel gefunden und öffnet nun die Wagentüre:* Darf man bitten, Gnädigste – –

IX.

KASIMIR *kommt mit Erna wieder vorbei; er erblickt Karoline – – sie erkennen und fixieren sich.*
KAROLINE *läßt Rauch stehen und hält dicht vor Kasimir:* Lebe wohl, Kasimir.
KASIMIR Lebe wohl.
KAROLINE Ja. Und viel Glück.
KASIMIR Prost.
Stille.
KAROLINE Ich fahre jetzt nach Altötting.
KASIMIR Mahlzeit.
Stille.
KASIMIR Das ist ein schönes Kabriolett dort. Akkurat so ein ähnliches bin ich auch einmal gefahren. Noch vorgestern.
RAUCH Darf man bitten, Gnädigste!
KAROLINE *läßt Kasimir stehen und steigt mit Rauch ein – – und bald ist kein Kabriolett mehr zu sehen.*

X.

KASIMIR *sieht dem verschwundenen Kabriolett nach; er imitiert Rauch:* Darf man bitten, Gnädigste – –
ERNA Nein das wäre keine Frau für Sie. Ich habe mir dafür einen Blick erworben.
KASIMIR So ein Weib ist ein Auto, bei dem nichts richtig funktioniert – – immer gehört es repariert. Das Benzin ist das Blut und der Magnet das Herz – – und wenn der

59

Funke zu schwach ist, entsteht eine Fehlzündung – –
und wenn zuviel Öl drin ist, dann raucht er und stinkt
er – –

ERNA Was Sie für eine Phantasie haben. Das haben nämlich nur wenige Männer. Zum Beispiel der Merkl hat
keine. Überhaupt haben Sie schon sehr recht, wenn Sie
da sagen, daß der Merkl mich ungerecht behandelt – –
Nein! Das laß ich mir auch nicht weiter bieten – – *Sie
schreit plötzlich unterdrückt auf.* Jesus Maria Josef!
Merkl! Franz! Jesus Maria – – *Sie hält sich selbst den
Mund zu und wimmert.*

KASIMIR Was ist denn los?

ERNA Dort – – sie haben ihn. Franz! Sehens die beiden, mit
denen er redet – – jetzt hab ich doch noch gerade ge-
schimpft und nicht aufgepaßt und dabei haben ihn jetzt
die Kriminaler – – Franz! Verzeih mir das, Franz – –
Nein, ich schimpfe nicht, ich schimpfe nicht – –
Stille.

KASIMIR An allem ist nur dieses Luder schuld. Diese
Schnallen. Dieses Fräulein Karoline!

ERNA Er wehrt sich gar nicht – – geht einfach mit – – – –
Sie setzt sich auf die Bank. Den seh ich nimmer.

KASIMIR Geh den werdens doch nicht gleich hinrichten!

ERNA Das kommt auf dasselbe hinaus. Weil der schon oft
vorbestraft ist – – da hauns ihm jetzt fünf Jahr Zuchthaus hinauf wie nichts – – und dann kommt er nimmer
raus – – er hat sich ja während seiner Vorstrafen schon
längst eine Tuberkulose geholt – – – – Der kommt
nimmer raus.
Stille.

KASIMIR Sind Sie auch vorbestraft?

ERNA Ja.

KASIMIR *setzt sich neben Erna.*
Stille.

ERNA Was glauben Sie, wie alt daß ich bin?

KASIMIR Fünfundzwanzig.

ERNA Zwanzig.

KASIMIR Wir sind halt heutzutag alle älter als wie wir sind.
Stille.

ERNA Der arme Franz, der arme Mensch – –

KASIMIR So ist das Leben.

ERNA Kaum fängt man an, schon ist es vorbei.
Stille.

KASIMIR Ich habe es immer gesagt, daß so kriminelle Aktionen keinen Sinn haben – – mir scheint, ich werde mir den armen Merkl Franz als ein warnendes Beispiel vor Augen halten.

ERNA Lieber stempeln.

KASIMIR Lieber hungern.

ERNA Ja.
Stille.

ERNA Ich hab es ja dem armen Franz gesagt, daß er Sie in Ruhe lassen soll, weil ich das gleich im Gefühl gehabt habe, daß Sie anders sind – – darum hat er mir ja auch das Bier in das Gesicht geschüttet.

KASIMIR Darum?

ERNA Ja. Wegen Ihnen.

KASIMIR Das ist mir neu. Daß Sie da wegen mir – – Verdiene ich denn das überhaupt?

ERNA Das weiß ich nicht.
Stille.

KASIMIR Ist das jetzt der große Bär dort droben?

ERNA Ja. Und das dort ist der Orion.

KASIMIR Mit dem Schwert.

ERNA *lächelt leise:* Wie Sie sich das gemerkt haben – –
Stille.

KASIMIR *starrt noch immer in den Himmel:* Die Welt ist halt unvollkommen.

ERNA Man könnt sie schon etwas vollkommener machen.

KASIMIR Sind Sie denn auch gesund? Ich meine jetzt, ob Sie nicht auch etwa Tuberkulose haben von diesem armen Menschen?

ERNA Nein. Soweit bin ich ganz gesund.

KASIMIR Dann ist es ja schon recht.

Stille.

ERNA Ich glaub, wir sind verwandt.

KASIMIR Wer?

ERNA Wir zwei.

Stille.

KASIMIR Mir ist es auch, als täten wir uns schon lange kennen.

ERNA Sehr lange. Als hätten wir schon miteinander zusammen gespielt − − *Sie legt ihren Kopf an seine Brust.*

KASIMIR *legt seinen Arm um ihre Schultern.*

ERNA Dort kommt jetzt die Karoline − −

XI.

KAROLINE *kommt und sieht sich suchend um − − erblickt Kasimir und Erna, nähert sich langsam und hält dicht vor der Bank:* Guten Abend, Kasimir.

Stille.

KAROLINE So schau doch nicht so ironisch.

KASIMIR Das kann jede sagen.

Stille.

KAROLINE Du hast schon recht.

KASIMIR Wieso hernach?

KAROLINE Eigentlich hab ich ja nur ein Eis essen wollen − − aber dann ist der Zeppelin vorbeigeflogen. Und dann habe ich es mir halt eingebildet, daß ich mir einen rosigeren Blick in die Zukunft erringen könnte − − und

einige Momente habe ich mit allerhand Gedanken gespielt. Aber ich müßt so tief unter mich hinunter, damit
ich höher hinauf komm.

Stille.

KAROLINE Und dann war ich doch gar nicht in Altötting – – weil der Herr Kommerzienrat etwas anderes
darunter verstanden haben wollte.

KASIMIR Das ist mir jetzt wurscht! Jetzt bin ich darüber
hinaus, Fräulein! Was tot ist, ist tot und es gibt keine
Gespenster, besonders zwischen den Geschlechtern
nicht!

Stille.

KAROLINE *gibt ihm plötzlich einen Kuß.*

KASIMIR Zurück! Brrr! Pfui Teufel! *Er spuckt aus.* Brrr!

ERNA Ich versteh das gar nicht, wie man als Frau so wenig
Feingefühl haben kann!

KAROLINE *zu Kasimir:* Ist das die neue Karoline?

KASIMIR Das geht dich einen Dreck was an, Fräulein!

KAROLINE Und den Merkl Franz betrügen, ist das vielleicht ein Feingefühl?!

ERNA Der Merkl Franz ist tot, Fräulein.

Stille.

KAROLINE Tot? Und das soll euch die Karoline glauben?

XII.

SCHÜRZINGER *erscheint, und zwar aufgeräumt – – mit
einem Luftballon an einer Schnur aus seinem Knopf-
loch; er erblickt Karoline:* Ja wen sehen denn meine
entzündeten Augen? Das ist aber schon direkt Schicksal, daß wir uns wieder treffen. Karoline! Übermorgen wird der Leutnant Schürzinger ein Oberleutnant
Schürzinger sein – – und zwar in der Armee Seiner

Majestät Ludwigs des Fünfzehnten – – und das verdanke ich dir.

KAROLINE *tonlos:* Das muß ein Irrtum sein.

SCHÜRZINGER Lächerlich!

Stille.

KAROLINE Eugen. Ich habe dich vor den Kopf gestoßen und das soll man nicht, weil man alles zurückgezahlt bekommt – –

SCHÜRZINGER Du brauchst einen Menschen, Karoline – –

KAROLINE Es ist immer der gleiche Dreck.

SCHÜRZINGER Pst! Es geht immer besser und besser.

KAROLINE Wer sagt das?

SCHÜRZINGER Coué.

Stille.

SCHÜRZINGER Also los. Es geht besser – –

KAROLINE *sagt es ihm tonlos nach:* Es geht besser – –

SCHÜRZINGER Es geht immer besser, besser, immer besser – –

KAROLINE Es geht immer besser, besser – – immer besser – –

SCHÜRZINGER *umarmt sie und gibt ihr einen langen Kuß.*

KAROLINE *wehrt sich nicht.*

SCHÜRZINGER Und jetzt trinken wir unsere Tasse Tee.

KAROLINE *lächelt:* Es geht immer besser – –

SCHÜRZINGER Komm – – *Ab mit ihr.*

XIII.

KASIMIR *imitiert Karoline:* Es geht immer besser – – Träume sind Schäume.

ERNA Solange wir uns nicht aufhängen, werden wir nicht verhungern.

Stille.

KASIMIR Wie hat er denn geheißen, dein toter Bruder?
ERNA Ludwig. Ludwig Reitmeier.
   Stille.
KASIMIR Ich war mal Chauffeur bei einem gewissen Reit-
   meier. Der hat ein Wollwarengeschäft gehabt. En gros.
   Stille.
KASIMIR *will eine Frage anschneiden:* Du Erna – –
ERNA Was?
KASIMIR *überlegt es sich wieder:* Nichts.

ENDE

Kasimir und Karoline

Volksstück

Motto:
Und die Liebe höret nimmer auf.

Personen: Kasimir · Karoline · Rauch · Speer · Der Ausrufer · Der Liliputaner · Schürzinger · Der Merkl Franz · Dem Merkl Franz seine Erna · Elli · Maria · Der Mann mit dem Bulldoggkopf · Juanita · Die dicke Dame · Die Kellnerin · Der Sanitäter · Der Arzt · Abnormitäten und Oktoberfestleute

Dieses Volksstück spielt auf dem Münchener Oktoberfest, und zwar in unserer Zeit.

1. Szene

Es wird dunkel im Zuschauerraum und das Orchester
spielt die münchener Hymne »Solang der alte Peter«.
Hierauf hebt sich der Vorhang.

2. Szene

Schauplatz:
Gleich hinter dem Dorf der Lippennegerinnen.
Links ein Eismann mit türkischem Honig und Luftbal-
lons. Rechts ein Haut-den-Lukas – – (das ist so ein alt-
hergebrachter Kraftmesser, wo Du unten mit einem Holz-
beil auf einen Bolzen draufhaust, und dann saust ein
anderer Bolzen an einer Stange in die Höhe, und wenn
dann dieser andere Bolzen die Spitze der Stange erreicht,
dann knallt es und dann wirst Du dekoriert, und zwar für
jeden Knall mit einem Orden).
Es ist bereits spät am Nachmittag und jetzt fliegt gerade
der Zeppelin in einer ganz geringen Höhe über die Okto-
berfestwiese – – in der Ferne Geheul mit allgemeinem
Musiktusch und Trommelwirbel.

3. Szene

RAUCH Bravo Zeppelin! Bravo Eckener! Bravo!
EIN AUSRUFER Heil!
SPEER Majestätisch. Hipp hipp hurra!
   Pause.
EIN LILIPUTANER Wenn man bedenkt, wie weit es wir Men-
   schen schon gebracht haben – – *Er winkt mit seinem*
   Taschentuch.

69

Pause.

KAROLINE Jetzt ist er gleich verschwunden, der Zeppelin – –

DER LILIPUTANER Am Horizont.

KAROLINE Ich kann ihn kaum mehr sehen – –

DER LILIPUTANER Ich seh ihn noch ganz scharf.

KAROLINE Jetzt seh ich nichts mehr. *Sie erblickt Kasimir; lächelt.* Du, Kasimir. Jetzt werden wir bald alle fliegen.

KASIMIR Geh so lasse mich doch aus. *Er wendet sich dem Lukas zu und haut ihn vor einem stumm interessierten Publikum – – aber erst beim drittenmal knallt es und dann zahlt der Kasimir und wird mit einem Orden dekoriert.*

KAROLINE Ich gratuliere.

KASIMIR Zu was denn?

KAROLINE Zu deiner Auszeichnung da.

KASIMIR Danke.

Stille.

KAROLINE Der Zeppelin, der fliegt jetzt nach Oberammergau, aber dann kommt er wieder zurück und wird einige Schleifen über uns beschreiben.

KASIMIR Das ist mir wurscht! Da fliegen droben zwanzig Wirtschaftskapitäne und herunten verhungern derweil einige Millionen! Ich scheiß dir was auf den Zeppelin, ich kenne diesen Schwindel und hab mich damit auseinandergesetzt – – Der Zeppelin, verstehst du mich, das ist ein Luftschiff und wenn einer von uns dieses Luftschiff sieht, dann hat er so ein Gefühl, als tät er auch mitfliegen – – derweil haben wir bloß die schiefen Absätze und das Maul können wir uns an das Tischeck hinhaun!

KAROLINE Wenn du so traurig bist, dann werd ich auch traurig.

KASIMIR Ich bin kein trauriger Mensch.

KAROLINE Doch. Du bist ein Pessimist.

KASIMIR Das schon. Ein jeder intelligente Mensch ist ein Pessimist. *Er läßt sie wieder stehen und haut abermals den Lukas; jetzt knallt es dreimal, er zahlt und bekommt drei Orden; dann nähert er sich wieder Karoline.* Du kannst natürlich leicht lachen. Ich habe es dir doch gleich gesagt, daß ich heut unter gar keinen Umständen auf dein Oktoberfest geh. Gestern abgebaut und morgen stempeln, aber heut sich amüsieren, vielleicht sogar noch mit lachendem Gesicht!

KAROLINE Ich habe ja gar nicht gelacht.

KASIMIR Natürlich hast du gelacht. Und das darfst du ja auch – – du verdienst ja noch was und lebst bei deinen Eltern, die wo pensionsberechtigt sind. Aber ich habe keine Eltern mehr und steh allein in der Welt, ganz und gar allein.

Stille.

KAROLINE Vielleicht sind wir zu schwer füreinander – –

KASIMIR Wie meinst du das jetzt?

KAROLINE Weil du halt ein Pessimist bist und ich neige auch zur Melancholie – – – – Schau, zum Beispiel zuvor – – beim Zeppelin – –

KASIMIR Geh halt doch dein Maul mit dem Zeppelin!

KAROLINE Du sollst mich nicht immer so anschreien, das hab ich mir nicht verdient um dich!

KASIMIR Habe mich gerne! *Ab.*

4. Szene

KAROLINE *sieht ihm nach; wendet sich dann langsam dem Eismann zu, kauft sich eine Portion und schleckt daran gedankenvoll.*

SCHÜRZINGER *schleckt bereits die zweite Portion.*

KAROLINE Was schauns mich denn so blöd an?

SCHÜRZINGER Pardon! Ich habe an etwas ganz anderes gedacht.

KAROLINE Drum.

Stille.

SCHÜRZINGER Ich habe gerade an den Zeppelin gedacht.

Stille.

KAROLINE Der Zeppelin, der fliegt jetzt nach Oberammergau.

SCHÜRZINGER Waren das Fräulein schon einmal in Oberammergau?

KAROLINE Schon dreimal.

SCHÜRZINGER Respekt!

Stille.

KAROLINE Aber die Oberammergauer sind auch keine Heiligen. Die Menschen sind halt überall schlechte Menschen.

SCHÜRZINGER Das darf man nicht sagen, Fräulein! Die Menschen sind weder gut noch böse. Allerdings werden sie durch unser heutiges wirtschaftliches System gezwungen, egoistischer zu sein, als sie es eigentlich wären, da sie doch schließlich vegetieren müssen. Verstehens mich?

KAROLINE Nein.

SCHÜRZINGER Sie werden mich schon gleich verstehen. Nehmen wir an, Sie lieben einen Mann. Und nehmen wir weiter an, dieser Mann wird nun arbeitslos. Dann läßt die Liebe nach, und zwar automatisch.

KAROLINE Also das glaub ich nicht!

SCHÜRZINGER Bestimmt!

KAROLINE Oh nein! Wenn es dem Manne schlecht geht, dann hängt das wertvolle Weib nur noch intensiver an ihm – – könnt ich mir schon vorstellen.

SCHÜRZINGER Ich nicht.

Stille.

KAROLINE Können Sie handlesen?

SCHÜRZINGER Nein.

KAROLINE Was sind denn der Herr eigentlich von Beruf?

SCHÜRZINGER Raten Sie doch mal.

KAROLINE Feinmechaniker?

SCHÜRZINGER Nein. Zuschneider.

KAROLINE Also das hätt ich jetzt nicht gedacht!

SCHÜRZINGER Und warum denn nicht?

KAROLINE Weil ich die Zuschneider nicht mag. Alle Zuschneider bilden sich gleich soviel ein.

Stille.

SCHÜRZINGER Bei mir ist das eine Ausnahme. Ich hab mich mal mit dem Schicksalsproblem beschäftigt.

KAROLINE Essen Sie auch gern Eis?

SCHÜRZINGER Meine einzige Leidenschaft, wie man so zu sagen pflegt.

KAROLINE Die einzige?

SCHÜRZINGER Ja.

KAROLINE Schad!

SCHÜRZINGER Wieso?

KAROLINE Ich meine, da fehlt Ihnen doch dann was.

5. Szene

KASIMIR *erscheint wieder und winkt Karoline zu sich heran.*

KAROLINE *folgt ihm.*

KASIMIR Wer ist denn das, mit dem du dort sprichst?

KAROLINE Ein Bekannter von mir.

KASIMIR Seit wann denn?

KAROLINE Schon seit lang. Wir haben uns gerade ausnahmsweise getroffen. Glaubst du mir denn das nicht?

KASIMIR Warum soll ich dir das nicht glauben?
Stille.
KAROLINE Was willst du?
Stille.
KASIMIR Wie hast du das zuvor gemeint, daß wir zwei zu
schwer füreinander sind?
KAROLINE *schweigt boshaft.*
KASIMIR Soll das eventuell heißen, daß wir zwei eventuell
nicht zueinander passen?
KAROLINE Eventuell.
KASIMIR Also das soll dann eventuell heißen, daß wir uns
eventuell trennen sollen – – und daß du mit solchen
Gedanken spielst?
KAROLINE So frag mich doch jetzt nicht!
KASIMIR Und warum nicht, wenn man fragen darf?
KAROLINE Weil ich jetzt verärgert bin. Und in einer sol-
chen Stimmung kann ich dir doch nichts Gescheites
sagen!
Stille.
KASIMIR So. Hm. Also das wird dann schon so sein. So
und nicht anders. Da gibt es keine Ausnahmen. Lächer-
lich.
KAROLINE Was redest du denn da?
KASIMIR Es ist schon so.
KAROLINE *fixiert ihn:* Wie?
Stille.
KASIMIR Oder ist das vielleicht nicht eigenartig, daß es dir
gerade an jenem Tage auffällt, daß wir zwei eventuell
nicht zueinander passen – – an jenem Tage, an welchem
ich abgebaut worden bin?
Stille.
KAROLINE Ich versteh dich nicht, Kasimir.
KASIMIR Denk nur nach. Denk nur nach, Fräulein!
Stille.

KAROLINE *plötzlich:* Oh du undankbarer Mensch! Hab ich nicht immer zu dir gehalten? Weißt es denn nicht, was das für Schwierigkeiten gegeben hat mit meinen Eltern, weil ich keinen Beamten genommen hab und nicht von dir gelassen hab und immer deine Partei ergriffen hab?!

KASIMIR Reg dich nur ab, Fräulein! Überleg es dir lieber, was du mir angetan hast.

KAROLINE Und was tust du mir an?

KASIMIR Ich konstatiere eine Wahrheit. So. Und jetzt laß ich dich stehn – – *Ab.*

6. Szene

KAROLINE *sieht ihm nach; wendet sich dann wieder dem Schürzinger zu; jetzt dämmert es bereits.*

SCHÜRZINGER Wer war denn dieser Herr?

KAROLINE Mein Bräutigam.

SCHÜRZINGER Sie haben einen Bräutigam?

KAROLINE Er hat mich gerade sehr gekränkt. Nämlich gestern ist er abgebaut worden und da hat er jetzt behauptet, ich würde mich von ihm trennen wollen, weil er abgebaut worden ist.

SCHÜRZINGER Das alte Lied.

KAROLINE Geh reden wir von etwas anderem!
Stille.

SCHÜRZINGER Er steht dort drüben und beobachtet uns.

KAROLINE Ich möcht jetzt mal mit der Achterbahn fahren.

SCHÜRZINGER Das ist ein teurer Spaß.

KAROLINE Aber jetzt bin ich auf dem Oktoberfest und ich hab es mir vorgenommen. Geh fahrens halt mit!

SCHÜRZINGER Aber nur einmal.

KAROLINE Also das steht bei Ihnen.
 Dunkel.

7. Szene

Das Orchester spielt nun die Glühwürmchen-Suite.

8. Szene

Neuer Schauplatz:
Neben der Achterbahn, dort wo die Oktoberfestwiese
aufhört.
Die Stelle liegt etwas abseits und ist nicht gut beleuchtet.
Nämlich es ist bereits Nacht geworden, aber in der Ferne
ist alles illuminiert. Karoline und Schürzinger kommen
und hören das Sausen der Achterbahn und das selige
Kreischen der Fahrgäste.

9. Szene

KAROLINE Ja das ist die richtige Achterbahn. Es gibt nämlich noch eine, aber mit der ist man bald fertig. Dort ist
 die Kasse. Jetzt ist mir etwas gerissen.
SCHÜRZINGER Was?
KAROLINE Ich weiß noch nicht was. Geh drehens Ihnen
 um bitte.
 Stille.
SCHÜRZINGER *hat sich umgedreht:* Er folgt uns noch immer, Ihr Herr Bräutigam. Jetzt spricht er sogar mit
 einem Herrn und einer Dame – – sie lassen uns nicht
 aus den Augen.

KAROLINE Wo? – – – – Das ist doch jetzt der Merkl Franz und seine Erna. Ja den kenn ich. Nämlich das ist ein ehemaliger Kollege von meinem Kasimir. Aber der ist auf die schiefe Ebene geraten. Wie oft daß der schon gesessen ist.

SCHÜRZINGER Die Kleinen hängt man und die Großen läßt man laufen.

KAROLINE Das schon. Aber der Merkl Franz prügelt seine Erna, obgleich sie ihm pariert. Und ein schwaches Weib schlagen, das ist doch wohl schon das allerletzte.

SCHÜRZINGER Bestimmt.

KAROLINE Der Kasimir ist ja auch sehr jähzornig von Natur aus, aber angerührt hat er mich noch nie.

SCHÜRZINGER Hoffentlich macht er uns hier keinen Skandal.

KAROLINE Nein das macht er nie in der Öffentlichkeit. Dazu ist er viel zu beherrscht. Schon von seinem Beruf her.

SCHÜRZINGER Was ist er denn?

KAROLINE *hat sich nun repariert:* Kraftwagenführer. Chauffeur.

SCHÜRZINGER Jähzornige Leute sind aber meistens gutmütig.

KAROLINE Haben Sie Angst?

SCHÜRZINGER Wie kommen Sie darauf?
Stille.

KAROLINE Ich möchte jetzt mit der Achterbahn fahren. *Ab mit dem Schürzinger und nun ist einige Zeit kein Mensch zu sehen.*

10. Szene

KASIMIR *kommt langsam mit dem Merkl Franz und dem seiner Erna.*

77

DER MERKL FRANZ Parlez-vous française?

KASIMIR Nein.

DER MERKL FRANZ Schade.

KASIMIR Wieso?

DER MERKL FRANZ Weil sich das deutsch nicht so sagen läßt. Ein Zitat. In puncto Achterbahn und Karoline – – *Zu Erna.* Wenn du mir so was antun würdest, ich tät dir ja das Kreuz abschlagen.

ERNA So sei doch nicht so ungerecht.

11. Szene

KAROLINE *kreischt nun droben auf der abwärtssausenden Achterbahn.*

KASIMIR *starrt empor:* Fahre wohl, Fräulein Karoline! Daß dir nur nichts passiert. Daß du dir nur ja nicht das Genick verrenkst. Das wünscht dir jetzt dein Kasimir.

DER MERKL FRANZ Habe nur keine Angst. Wir sind zu zweit.

KASIMIR Ich bin nicht zu zweit! Ich mag nicht zu zweit sein! Ich bin allein.

Stille.

DER MERKL FRANZ Ich hätt ja einen plausibleren Vorschlag: laß doch diesen Kavalier überhaupt laufen – – er kann doch nichts dafür, daß jetzt die deine mit ihm da droben durch die Weltgeschichte rodelt. Du hast dich doch nur mit ihr auseinanderzusetzen. Wie sie auf der Bildfläche erscheint, zerreiß ihr das Maul.

KASIMIR Das ist eine Ansichtssache.

DER MERKL FRANZ Natürlich.

Stille.

KASIMIR Ich bin aber nicht der Ansicht.

DER MERKL FRANZ Du bist halt ein naiver Mensch.

KASIMIR Wahrscheinlich.

Stille.

DER MERKL FRANZ Was ist das Weib? Kennst den Witz, wo die Tochter mit dem leiblichen Vater und dem Bruder – –

ERNA *unterbricht ihn:* Du sollst nicht immer so wegwerfend über uns Frauen reden!

Stille.

DER MERKL FRANZ Ja wie hätten wir es denn?

ERNA Ich bin doch zu guter Letzt auch eine Frau!

DER MERKL FRANZ Also werd mir nur nicht nervös. Da. Halt mal meine Handschuhe. Jetzt möchte er sich nur etwas holen, dort drüben, für das Gemüt – – *Ab; in der Ferne ertönt nun ein Waldhorn, und zwar wehmütig.*

12. Szene

ERNA Herr Kasimir. Da schauns mal hinauf. Das ist der Große Bär.

KASIMIR Wo?

ERNA Dort. Und das dort ist der Orion. Mit dem Schwert.

KASIMIR Woher wissen Sie denn all das?

ERNA Das hat mir mal mein Herr erklärt, wie ich noch gedient hab – – der ist ein Professor gewesen. Wissens, wenns mir schlecht geht, dann denk ich mir immer, was ist ein Mensch neben einem Stern. Und das gibt mir dann wieder einen Halt.

13. Szene

SCHÜRZINGER *erscheint und das Waldhorn verstummt.*

KASIMIR *erkennt ihn.*

SCHÜRZINGER *grüßt.*

KASIMIR *grüßt auch, und zwar unwillkürlich.*

SCHÜRZINGER Ihr Fräulein Braut fahren noch.

KASIMIR *fixiert ihn grimmig:* Das freut mich.

14. Szene

DER MERKL FRANZ *erscheint nun auch wieder; er hatte sich drüben zwei Paar Schweinswürstel gekauft und verzehrt nun selbe mit Appetit.*

15. Szene

SCHÜRZINGER Ich bin nur einmal mitgefahren. Ihr Fräulein Braut wollte aber noch einmal.

KASIMIR Noch einmal.

SCHÜRZINGER Bestimmt.

Stille.

KASIMIR Bestimmt. Alsdann: Der Herr sind doch ein alter Bekannter von meiner Fräulein Braut?

SCHÜRZINGER Wieso?

KASIMIR Was wieso?

SCHÜRZINGER Nein das muß ein Irrtum sein. Ich kenne Ihr Fräulein Braut erst seit zuvor dort bei dem Eismann – – da sind wir so unwillkürlich ins Gespräch gekommen.

KASIMIR Unwillkürlich – –

SCHÜRZINGER Absolut.

KASIMIR Das auch noch.

SCHÜRZINGER Warum?

KASIMIR Weil das sehr eigenartig ist. Nämlich mein Fräulein Braut sagte mir zuvor, daß sie Ihnen schon seit langem kennt. Schon seit lang, sagte sie.

DER MERKL FRANZ Peinsam.

Stille.

SCHÜRZINGER Das tut mir aber leid.

KASIMIR Also stimmt das jetzt oder stimmt das jetzt nicht? Ich möchte nämlich da klar sehen. Von Mann zu Mann.

Stille.

SCHÜRZINGER Nein. Es stimmt nicht.

KASIMIR Ehrenwort?

SCHÜRZINGER Ehrenwort.

KASIMIR Ich danke.

Stille.

DER MERKL FRANZ In diesem Sinne kommst du auf keinen grünen Zweig nicht, lieber guter alter Freund. Hau ihm doch eine aufs Maul – –

KASIMIR Mische dich bitte da nicht hinein!

DER MERKL FRANZ Huste mich nicht so schwach an! Du Nasenbohrer.

KASIMIR Ich bin kein Nasenbohrer!

DER MERKL FRANZ Du wirst es ja schon noch erleben, wo du landen wirst mit derartig nachsichtigen Methoden! Ich seh dich ja schon einen Kniefall machen vor dem offiziellen Hausfreund deiner eignen Braut! Küsse nur die Spur ihres Trittes – – du wirst ihr auch noch die Schleppe tragen und dich mit einer besonderen Wonne unter ihre Schweißfüße beugen, du Masochist!

KASIMIR Ich bin kein Masochist! Ich bin ein anständiger Mensch!

Stille.

DER MERKL FRANZ Das ist der Dank. Man will dir helfen und du wirst anzüglich. Stehen lassen sollte ich dich da wo du stehst!

ERNA Komm Franz!

DER MERKL FRANZ *kneift sie in den Arm.*

ERNA Au! Au – –

DER MERKL FRANZ Und wenn du dich noch so sehr win-
   dest! Ich bleibe, solange ich Lust dazu habe – in einer
   solchen Situation darf man seinen Freund nicht allein
   lassen.

16. Szene

KAROLINE *erscheint.*
   Stille.

17. Szene

KASIMIR *nähert sich langsam Karoline und hält dicht vor
   ihr:* Ich habe dich zuvor gefragt, wie du das verstanden haben willst, daß wir zwei eventuell nicht mehr
   zueinander passen. Und du hast gesagt: eventuell. Hast
   du gesagt.
KAROLINE Und du hast gesagt, daß ich dich verlasse, weil
   du abgebaut worden bist. Das ist eine ganz tiefe Belei-
   digung. Eine wertvolle Frau hängt höchstens noch
   mehr an dem Manne, zu dem sie gehört, wenn es
   diesem Manne schlecht geht.
KASIMIR Bist du eine wertvolle Frau?
KAROLINE Das mußt du selber wissen.
KASIMIR Und du hängst jetzt noch mehr an mir?
KAROLINE *schweigt.*
KASIMIR Du sollst mir jetzt eine Antwort geben.
KAROLINE Ich kann dir darauf keine Antwort geben. Das
   mußt du fühlen.
   Stille.
KASIMIR Warum lügst du?
KAROLINE Ich lüge nicht.

KASIMIR Doch. Und zwar ganz ohne Schamgefühl.
  Stille.
KAROLINE Wann soll denn das gewesen sein?
KASIMIR Zuvor. Da hast du gesagt, daß du diesen Herrn
  dort schon lange kennst. Seit schon lang, hast du ge-
  sagt. Und derweil ist das doch nur so eine Oktoberfest-
  bekanntschaft. Warum hast du mich angelogen?
  Stille.
KAROLINE Ich war halt sehr verärgert.
KASIMIR Das ist noch kein Grund.
KAROLINE Bei einer Frau vielleicht schon.
KASIMIR Nein.
  Stille.
KAROLINE Eigentlich wollte ich ja nur ein Eis essen
  aber dann haben wir über den Zeppelin gesprochen.
  Du bist doch sonst nicht so kleinlich.
KASIMIR Das kann ich jetzt nicht so einfach überwinden.
KAROLINE Ich habe doch nur mit der Achterbahn fahren
  wollen.
  Stille.
KASIMIR Wenn du gesagt hättest: lieber Kasimir, ich
  möchte gerne mit der Achterbahn fahren, weil ich das
  so gerne möchte – – dann hätte der Kasimir gesagt:
  fahre zu mit deiner Achterbahn!
KAROLINE So stell dich doch nicht so edel hin!
KASIMIR Schleim dich nur ruhig aus. Wer ist denn das
  eigentlich?
KAROLINE Das ist ein gebildeter Mensch. Ein Zuschneider.
  Stille.
KASIMIR Du meinst also, daß ein Zuschneider etwas Ge-
  bildeteres ist wie ein ehrlicher Chauffeur?
KAROLINE Geh verdrehe doch nicht immer die Tatsachen.
KASIMIR Das überlasse ich dir! Ich konstatiere, daß du
  mich angelogen hast und zwar ganz ohne Grund! So

schwing dich doch mit deinem gebildeten Herrn Zuschneider! Das sind freilich die feineren Kavaliere als wie so ein armer Hund, der wo gestern abgebaut worden ist!

KAROLINE Und nur weil du abgebaut worden bist, soll ich jetzt vielleicht weinen? Gönnst einem schon gar kein Vergnügen, du Egoist.

KASIMIR Seit wann bin ich denn ein Egoist? Jetzt muß ich aber direkt lachen! Hier dreht es sich doch nicht um deine Achterbahn, sondern um dein unqualifizierbares Benehmen, indem daß du mich angelogen hast!

SCHÜRZINGER Pardon – –

DER MERKL FRANZ *unterbricht ihn:* Jetzt halt aber endlich dein Maul und schau daß du dich verrollst! Fahr ab sag ich!

KASIMIR Laß ihn laufen, Merkl! Die zwei passen prima zusammen! *Zu Karoline.* Du Zuschneidermensch! *Stille.*

KAROLINE Was hast du da jetzt gesagt?

DER MERKL FRANZ Er hat jetzt da gesagt: Zuschneidermensch. Oder Nutte, wie der Berliner sagt.

SCHÜRZINGER Kommen Sie, Fräulein!

KAROLINE Ja. Jetzt komme ich – – *Ab mit dem Schürzinger.*

18. Szene

DER MERKL FRANZ *sieht ihnen nach:* Glückliche Reise!

KASIMIR Zu zweit.

DER MERKL FRANZ Weiber gibts wie Mist! *Zu Erna.* Wie Mist.

ERNA Sei doch nicht so ordinär. Was hab ich denn dir getan?

84

DER MERKL FRANZ Du bist eben auch nur ein Weib. So und jetzt kauft sich der Merkl Franz eine Tasse Bier. Von wegen der lieblicheren Gedanken. Kasimir, geh mit!

KASIMIR Nein. Ich geh jetzt nachhaus und leg mich ins Bett.

Ab.

19. Szene

DER MERKL FRANZ *ruft ihm nach:* Gute Nacht!
Dunkel.

20. Szene

Das Orchester spielt nun die Parade der Zinnsoldaten.

21. Szene

Neuer Schauplatz:
Beim Toboggan.
Am Ende der Rinne, in welcher die Tobogganbesucher am Hintern herunterrutschen. Wenn dabei die zuschauenden Herren Glück haben, dann können sie den herunterrutschenden Damen unter die Röcke sehen. Auch Rauch und Speer sehen zu.
Links ein Eismann mit türkischem Honig und Luftballons. Rechts eine Hühnerbraterei, die aber wenig frequentiert wird, weil alles viel zu teuer ist. Jetzt rutschen gerade Elli und Maria in der Rinne herunter und man kann ihnen unter die Röcke sehen. Und die Luft ist voll Wiesenmusik.

Demaskierung des Bewußtseins

22. Szene

RAUCH *zwinkert Elli und Maria zu, die wo sich mit ihren Büstenhaltern beschäftigen, welche sich durch das Herabrutschen verschoben haben.*

ELLI Ist das aber ein alter Hirsch.

MARIA Reichlich.

ELLI Ein Saubär ein ganz bremsiger.

MARIA Ich glaub, daß der andere ein Norddeutscher ist.

ELLI Wieso weswegen?

MARIA Das kenn ich am Hut. Und an die Schuh.

RAUCH *grinst noch immer.*

ELLI *blickt ihn freundlich an – – aber so, daß er es nicht hören kann:* Schnallentreiber dreckiger.

RAUCH *grüßt geschmeichelt.*

ELLI *wie zuvor:* Guten Abend, Herr Nachttopf!

RAUCH *läuft das Wasser im Munde zusammen.*

ELLI *wie zuvor:* Das tät dir so passen, altes Scheißhaus – – Denk lieber ans Sterben als wie an das Gegenteil! *Fröhlich lachend ab mit Maria.*

23. Szene

RAUCH Geht los wie Blücher!

SPEER Zwei hübsche Todsünden – – was?

RAUCH Trotz Krise und Politik – – mein altes Oktoberfest, das bringt mir kein Brüning um. Hab ich übertrieben?

SPEER Gediegen. Sehr gediegen!

RAUCH Da sitzt doch noch der Dienstmann neben dem Geheimrat, der Kaufmann neben dem Gewerbetreibenden, der Minister neben dem Arbeiter – – so lob ich mir die Demokratie! *Er tritt mit Speer an die Hühnerbra-*

86

terei; die beiden Herren fressen nun ein zartes knuspri-
ges Huhn und saufen Kirsch und Wiesenbier.

24. Szene

KAROLINE *kommt mit dem Schürzinger; sie etwas vor-*
aus – – dann hält sie plötzlich und er natürlich auch:
Muß denn das sein, daß die Männer so mißtrauisch
sind? Wo man schon alles tut, was sie wollen.

SCHÜRZINGER Natürlich muß man sich als Mann immer
in der Hand haben. Sie dürfen mich nicht falsch verstehen.

KAROLINE Warum?

SCHÜRZINGER Ich meine, weil ich zuvor eine Lanze für
Ihren Herrn Bräutigam gebrochen habe. Er ist halt sehr
aufgebracht – – es ist das doch kein Kinderspiel so
plötzlich auf der Straße zu liegen.

KAROLINE Das schon. Aber das ist doch noch kein Grund,
daß er sagt, daß ich eine Dirne bin. Man muß das
immer trennen, die allgemeine Krise und das Private.

SCHÜRZINGER Meiner Meinung nach sind aber diese beiden Komplexe unheilvoll miteinander verknüpft.

KAROLINE Geh redens doch nicht immer so geschwollen
daher! Ich kauf mir jetzt noch ein Eis. *Sie kauft sich bei*
dem Eismann Eis und auch der Schürzinger schleckt
wieder eine Portion.

25. Szene

RAUCH *deutet fressend auf Karoline:* Was das Mädchen
dort für einen netten Popo hat – –

SPEER Sehr nett.

RAUCH Ein Mädchen ohne Popo ist kein Mädchen.

SPEER Sehr richtig.

26. Szene

SCHÜRZINGER Ich meine ja nur, daß man sich so eine Trennung genau überlegen muß mit allen ihren Konsequenzen.

KAROLINE Mit was denn für Konsequenzen? Ich bin doch eine berufstätige Frau.

SCHÜRZINGER Aber ich meine ja doch jetzt das seelische Moment.

Stille.

KAROLINE Ich bin nicht so veranlagt, daß ich mich beschimpfen lasse. Ich bin ja sogar blöd, daß ich mich derart mit Haut und Haar an den Herrn Kasimir ausgeliefert habe – – ich hätt doch schon zweimal einen Beamten heiraten können mit Pensionsberechtigung.

Stille.

SCHÜRZINGER Ich möchte es halt nur nicht gerne haben, daß das jetzt so herschaut, als wäre vielleicht ich an dieser Entfremdung zwischen ihm und Ihnen schuld – – Ich habe nämlich schon einmal Mann und Frau entzweit. Nie wieder!

KAROLINE Sie haben doch vorhin gesagt, daß wenn der Mann arbeitslos wird, daß dann hernach auch die Liebe von seiner Frau zu ihm hin nachläßt – – und zwar automatisch.

SCHÜRZINGER Das liegt in unserer Natur. Leider.

KAROLINE Wie heißen Sie denn eigentlich mit dem Vornamen?

SCHÜRZINGER Eugen.

KAROLINE Sie haben so ausgefallene Augen.

SCHÜRZINGER Das haben mir schon manche gesagt.

KAROLINE Bildens Ihnen nur nichts ein!

Stille.

SCHÜRZINGER Gefällt Ihnen Eugen als Vorname?

KAROLINE Unter Umständen.

Stille.

SCHÜRZINGER Ich bin ein einsamer Mensch, Fräulein. Sehen Sie, meine Mutter zum Beispiel, die ist seit der Inflation taub und auch nicht mehr ganz richtig im Kopf, weil sie alles verloren hat – – so habe ich jetzt keine Seele, mit der ich mich aussprechen kann.

KAROLINE Habens denn keine Geschwister?

SCHÜRZINGER Nein. Ich bin der einzige Sohn.

KAROLINE Jetzt kann ich aber kein Eis mehr essen. *Ab mit dem Schürzinger.*

27. Szene

SPEER Eine merkwürdige Jugend diese heutige Jugend. Wir haben ja seinerzeit auch Sport getrieben, aber so merkwürdig wenig Interesse für die Reize des geistigen Lebens – –

RAUCH Eine eigentlich unsinnliche Jugend.

SPEER *lächelt:* Es bleibt ihnen zwar manches erspart.

RAUCH Ich hab immer Glück gehabt.

SPEER Ich auch, außer einmal.

RAUCH War sie wenigstens hübsch?

SPEER In der Nacht sind alle Katzen grau.

RAUCH *erhebt sein Glas:* Spezielles!

28. Szene

KAROLINE *rutscht nun die Rinne herunter gefolgt von dem Schürzinger und Rauch und Speer können ihr unter die Röcke sehen.*

SCHÜRZINGER *erblickt Rauch, zuckt zusammen und grüßt überaus höflich, sogar gleich zweimal.*

29. Szene

RAUCH *dankt überrascht; zu Speer:* Wer ist denn das? Jetzt grüßt mich da der Kavalier von dem netten Popo –

30. Szene

KAROLINE *beschäftigt sich nun auch mit ihrem Büstenhalter:* Wer ist denn das dort?

SCHÜRZINGER Das ist er selbst. Kommerzienrat Rauch. Mein Chef. Sie kennen doch die große Firma – – vier Stock hoch und auch noch nach hinten hinaus.

KAROLINE Ach jaja!

SCHÜRZINGER Er hat zwar im Juni eine GmbH aus sich gemacht, aber nur pro forma von wegen der Steuer und so.

31. Szene

RAUCH *hatte sich mit Speer besprochen und nähert sich nun bereits etwas angetrunken dem Schürzinger:* Verzeihen Sie der Herr! Woher haben wir das Vergnügen?

SCHÜRZINGER Mein Name ist Schürzinger, Herr Kommerzienrat.

RAUCH Schürzinger?

SCHÜRZINGER Kinderkonfektion. Abteilung Kindermäntel.

Stille.

RAUCH *zu Schürzinger:* Das Fräulein Braut?

KAROLINE Nein.

Stille.

RAUCH *steckt dem Schürzinger eine Zigarre in den Mund:*
Sehr angenehm! *Zu Karoline.* Dürfen der Herr Kommerzienrat das Fräulein zu einem Kirsch bitten?

KAROLINE Nein danke. Ich kann keinen Kirsch vertragen.
Ich möcht gern einen Samos.

RAUCH Also einen Samos! *Er tritt an die Hühnerbraterei.*
Einen Samos! *Zu Karoline.* Das ist mein bester Freund
aus Erfurt in Thüringen – – und ich stamme aus Weiden
in der Oberpfalz. Auf Ihr Wohlsein, Fräulein! Und
einen Kirsch für den jungen Mann da!

SCHÜRZINGER Verzeihung, Herr Kommerzienrat – – aber
ich nehme nie Alkohol zu mir.

32. Szene

KASIMIR *erscheint und beobachtet.*

33. Szene

RAUCH Na wieso denn nicht?

SCHÜRZINGER Weil ich ein Antialkoholiker bin, Herr
Kommerzienrat.

SPEER Aus Prinzip?

SCHÜRZINGER Wie man so zu sagen pflegt.

RAUCH Also derartige Prinzipien werden hier nicht anerkannt! Wir betrachten selbige als nichtexistent! Mit seinem Oberherrgott wird der junge Mann schon einen Kirsch kippen! Ex, Herr – –

SCHÜRZINGER Schürzinger. *Er leert das Glas und schneidet eine Grimasse.*

RAUCH Schürzinger! Ich hatte mal einen Erzieher, der hieß auch Schürzinger. War das ein Rhinozeros! Noch einen Samos! Und noch einen Kirsch für den Herrn Antialkoholiker – – den haben wir jetzt entjungfert in Sachen Alkohol. Sie vielleicht auch, Fräulein?

KAROLINE Oh nein! Ich trink nur nichts Konzentriertes und das gemischte Zeug hab ich schon gar nicht gern – – *Sie erblickt Kasimir.*

34. Szene

KASIMIR *winkt sie zu sich heran.*

KAROLINE *folgt nicht.*

KASIMIR *winkt deutlicher.*

KAROLINE *leert den Samos, stellt dann das Glas trotzig und umständlich hin und nähert sich langsam Kasimir.*

35. Szene

RAUCH Wer ist denn das? Don Quichotte?.

SCHÜRZINGER Das ist der Bräutigam von dem Fräulein.

SPEER Tableau!

SCHÜRZINGER Sie möcht aber nichts mehr von ihm wissen.

RAUCH Schon wieder angenehmer!

36. Szene

KAROLINE Was willst du denn schon wieder?
Stille.

KASIMIR Was sind denn das dort für Leute?

KAROLINE Lauter alte Bekannte.

KASIMIR Sei nicht boshaft bitte.

KAROLINE Ich bin nicht boshaft. Der Dicke dort ist der berühmte Kommerzienrat Rauch, der wo Alleininhaber ist. Und der andere kommt aus Norddeutschland. Ein Landgerichtsdirektor.

KASIMIR Also lauter bessere Menschen. Du kannst mich jetzt nicht mehr aufregen.
Stille.

KAROLINE Was willst du noch?

KASIMIR Ich hab dich um Verzeihung bitten wollen von wegen meinem Mißtrauen und daß ich zuvor so grob zu dir war. Nein das war nicht schön von mir. Wirst du mir das verzeihen?

KAROLINE Ja.

KASIMIR Ich danke dir. Jetzt geht es mir schon wieder anders – – *Er lächelt.*

KAROLINE Du verkennst deine Lage.

KASIMIR Was für eine Lage?
Stille.

KAROLINE Es hat keinen Sinn mehr, Kasimir. Ich hab mir das überlegt und habe mich genau geprüft – – *Sie wendet sich der Schnapsbude zu.*

KASIMIR Aber das sind doch dort keine Menschen für dich! Die nützen dich doch nur aus zu ihrem Vergnügen!

KAROLINE So sei doch nicht so sentimental. Das Leben ist hart und eine Frau, die wo etwas erreichen will, muß einen einflußreichen Mann immer bei seinem Gefühlsleben packen.

93

KASIMIR Hast du mich auch dort gepackt?

KAROLINE Ja.

Stille.

KASIMIR Das ist nicht wahr.

KAROLINE Doch.

Stille.

KASIMIR Was willst du denn durch diese Herrschaften dort erreichen?

KAROLINE Eine höhere gesellschaftliche Stufe und so.

KASIMIR Das ist aber eine neue Ansicht, die du da hast.

KAROLINE Nein, das ist keine neue Ansicht − − aber ich habe mich von dir tyrannisieren lassen und habe es dir nachgesagt, daß eine Büroangestellte auch nur eine Proletarierin ist! Aber da drinnen in meiner Seele habe ich immer anders gedacht! Mein Herz und mein Hirn waren ja umnebelt, weil ich dir hörig war! Aber jetzt ist das aus.

KASIMIR Aus?

KAROLINE Du sagst es.

Stille.

KASIMIR So. Hm. Also das wird dann schon so sein. Der Kasimir ist halt abgebaut. So und nicht anders. Da gibt es keine Ausnahmen. Lächerlich.

KAROLINE Hast du mir noch etwas zu sagen?

Stille.

KASIMIR Lang bin ich herumgeschlichen und hab es mir überlegt, ob ich dich nämlich um Verzeihung bitten soll − − − − aber jetzt tut es mir leid. *Ab.*

37. Szene

KAROLINE *sieht ihm nach und wendet sich dann wieder der Schnapsbude zu.*
Dunkel.

38. Szene

Das Orchester spielt nun die letzte Rose.

39. Szene

Neuer Schauplatz:
Bei den Abnormitäten.
Drinnen im Zuschauerraum. Es ist gesteckt voll. Auch
Rauch, Speer, Karoline und der Schürzinger sitzen drin-
nen.

40. Szene

DER AUSRUFER Als fünftes darf ich Ihnen nun vorstellen
   den Mann mit dem Bulldoggkopf!
DER MANN MIT DEM BULLDOGGKOPF *betritt die Bühne.*
DER AUSRUFER Johann, der Mann mit dem Bulldoggkopf,
   ist vorgestern sechzehn Jahre alt geworden. Wie Sie
   sehen, sind seine Unterkieferknochen abnorm stark
   ausgeprägt, so daß er mit seiner Unterlippe ohne weiteres bequem seine Nase bedecken kann.
DER MANN MIT DEM BULLDOGGKOPF *tut es.*
DER AUSRUFER Johann kann seinen Mund nicht öffnen
   und wird daher künstlich ernährt. Man könnte ihm
   zwar durch eine überaus schwierige Operation den
   Mund öffnen, aber dann hinwiederum könnte er seinen
   Mund nie schließen. Sie sehen hier, was die Natur für
   Spiele zu betreiben beliebt und welch seltsame Men-
   schen auf unserer Erde hausen.
DER MANN MIT DEM BULLDOGGKOPF *verbeugt sich und ab.*

41. Szene

DER AUSRUFER Und nun, meine Herrschaften, kommen wir zur sechsten Nummer und damit zum Clou unserer Serie. Juanita, das Gorillamädchen!

JUANITA *betritt die Bühne.*

DER AUSRUFER Juanita wurde in einem kleinen Dorfe bei Zwickau geboren. Wieso es gekommen war, daß sie in Hinsicht auf ihre körperliche Gestaltung nicht wie andere Menschenkinder das Licht der Welt erblickt hatte, das ist ein Rätsel der Wissenschaft. Wie sich die Herrschaften überzeugen können, ist Juanita am ganzen Leibe tierisch behaart und auch die Anordnung der inneren Organe ist wie bei einem Tier –

42. Szene

Surren in der Luft, und zwar immer stärker und stärker; draußen Geheul und allgemeiner Musiktusch.

RAUCH *schnellt empor:* Der Zeppelin! Der Zeppelin!
Ohrenbetäubendes Surren, die Zuschauer stürzen in das Freie – – und nun beschreibt der Zeppelin einige Schleifen über der Oktoberfestwiese.

43. Szene

JUANITA *will auch hinaus.*

DER AUSRUFER Zurück! Meschugge?

JUANITA Aber der Zeppelin –

DER AUSRUFER Aber ausgeschlossen! Unmöglich! Zurück!

44. Szene

DER MANN MIT DEM BULLDOGGKOPF *erscheint mit den übrigen Abnormitäten, der dicken Dame, dem Riesen, dem jungen Mädchen mit Bart, dem Kamelmenschen und den zusammengewachsenen Zwillingen.*

DER AUSRUFER Ja wer hat euch denn gerufen?! Was nehmt ihr euch denn da heraus?!

DIE DICKE DAME Aber der Zeppelin – –

45. Szene

DER LILIPUTANER *erscheint auf der Bühne mit einer Hundepeitsche:* Heinrich! Was gibts denn da?

DER AUSRUFER Direktor! Die Krüppel sind wahnsinnig geworden! Sie möchten den Zeppelin sehen!

DER LILIPUTANER *scharf:* Sonst noch was fällig?!
Stille.

DER LILIPUTANER Auf die Plätze! Aber schleunigst bitte! Was braucht ihr einen Zeppelin zu sehen – – wenn man euch draußen sieht, sind wir pleite! Das ist ja Bolschewismus!

JUANITA Also beschimpfen laß ich mich nicht! *Sie weint.*

DER MANN MIT DEM BULLDOGGKOPF *röchelt, wankt und faßt sich ans Herz.*

DIE DICKE DAME Johann! Johann – –

DER LILIPUTANER Raus mit euch! Marsch marsch!

DIE DICKE DAME *stützt den Mann mit dem Bulldoggkopf:* Der arme Johann – – er hat doch so ein schwaches Herz – – *Sie zieht sich zurück mit den übrigen Abnormitäten, nur Juanita bleibt zurück.*

46. Szene

DER LILIPUTANER *plötzlich sanft:* Also nur nicht weinen, kleine Juanita – – hier hast du Bonbons – – schöne Pralinen – –

JUANITA Sie sollen mich nicht immer beschimpfen, Herr Direktor – – das ist doch wirklich schon unchristlich.

DER LILIPUTANER Nichts für ungut. Da – – *Er übergibt ihr die Pralinen und ab.*

47. Szene

JUANITA *verzehrt apathisch die Pralinen – – inzwischen erscheinen Karoline und der Schürzinger wieder im Zuschauerraum und setzen sich in die hinterste Bankreihe.*

48. Szene

KAROLINE Er sieht schön aus, der Zeppelin – – auch in der Nacht, so beleuchtet. Aber wir fliegen ja nicht mit.

SCHÜRZINGER Bestimmt.

KAROLINE Sie schaun mich so komisch an.

SCHÜRZINGER Sie mich auch.

Stille.

KAROLINE Ich glaub, ich habe schon einen kleinen sitzen. Und Sie haben noch nie einen Alkohol getrunken?

SCHÜRZINGER Noch nie.

KAROLINE Und auch sonst sind der Herr so zurückhaltend?

SCHÜRZINGER Das wieder weniger eigentlich.

KAROLINE *gibt ihm plötzlich einen kurzen Kuß.*

Stille.

SCHÜRZINGER Jetzt kenn ich mich nicht mehr aus. Ist das jetzt der Alkohol oder – – es geht nämlich etwas vor in mir, was ich nicht kontrollieren kann. Wenn man zum Beispiel Geld hätte – –

KAROLINE *unterbricht ihn:* Geh sei doch nicht so fad!
Stille.

SCHÜRZINGER Sind wir jetzt per du?

KAROLINE Für diesen heutigen Abend – –

SCHÜRZINGER Und für sonst?

KAROLINE Vielleicht!
Stille.

49. Szene

RAUCH *erscheint nun auch wieder im Zuschauerraum – – er erblickt Karoline und Schürzinger, hält knapp beim Eingang und lauscht.*

KAROLINE Du heißt Eugen?

SCHÜRZINGER Ja.

KAROLINE Und ich heiße Karoline. Warum lachst du jetzt?

SCHÜRZINGER Weil ich mich freu.

RAUCH Und ich heiße Konrad.

SCHÜRZINGER *zuckt zusammen und Karoline ebenfalls.*
Stille.

SCHÜRZINGER *erhebt sich.*

RAUCH *grinst und droht neckisch mit dem Zeigefinger:* Nanana, böses Karolinchen – – wer sitzt denn da drinnen, während draußen der Zeppelin fliegt?

KAROLINE Oh den Zeppelin, den kenne ich schon auswendig!
Stille.

RAUCH *fixiert Schürzinger; verärgert:* Ich gratuliere.

SCHÜRZINGER *verbeugt sich unangenehm berührt.*

RAUCH *grimmig:* Nur so weiter! Lassen Sie sich nur nicht stören in Ihrer angeregten Unterhaltung – –

SCHÜRZINGER Herr Kommerzienrat! Angeregt ist anders, wie man so zu sagen pflegt – – *Er lächelt höflich und setzt sich wieder.*

RAUCH Anders?

50. Szene

SPEER *ist Rauch gefolgt:* Ein widerlicher Bursche!

RAUCH Ein Zyniker.

SPEER Schmiert sich da an Karolinchen an, während wir dem Zepp folgen.

RAUCH Es wird sich da bald ausgeschmiert haben.

51. Szene

Das Orchester intoniert nun piano den Radetzkymarsch und die Zuschauer betreten nun wieder den Zuschauerraum, weil der Zeppelin bereits unterwegs nach Friedrichshafen ist. Als alles wieder sitzt, bricht das Orchester ab, und zwar mitten im Takt.

52. Szene

KAROLINE Wie willst du das verstanden haben, daß du nicht angeregt bist?

SCHÜRZINGER Aber das war doch nur eine momentane Taktik.

KAROLINE Ich höre dich schon gehen. Du bist also ein berechnender Mensch. Auch in der Liebe?

SCHÜRZINGER Nein das ist ein krasses Mißverständnis,
was du da nämlich jetzt denkst.

KAROLINE Ich denke ja gar nichts, ich sage es ja nur.

*No logic –
ref. 'Bildungsjargon'

53. Szene

DER AUSRUFER *schlägt auf den Gong:* Meine Damen und
Herren! Wir waren dort stehen geblieben, daß Juanita
auf dem ganzen Leibe tierisch behaart und daß auch die
Anordnung ihrer inneren Organe wie bei einem Tiere
ist. Trotzdem hat Juanita aber eine äußerst rege Phan-
tasie. So spricht sie perfekt englisch und französisch
und das hat sie sich mit zähem Fleiß selbst beigebracht.
Und nun wird sich Juanita erlauben, den Herrschaften
eine Probe ihrer prächtigen Naturstimme zu geben!
Darf ich bitten – –
*Auf einem ausgeleierten Piano ertönt die Barcarole aus
Hoffmanns Erzählungen.*

54. Szene

JUANITA *singt – – und während sie singt, legt Schürzinger
seinen Arm um Karolines Taille und auch ihre Waden
respektive Schienbeine berühren sich:*
Schöne Nacht, du Liebesnacht
O stille mein Verlangen!
Süßer als der Tag uns lacht
Die schöne Liebesnacht.
Flüchtig weicht die Zeit unwiederbringlich unserer
    Liebe
Fern von diesem lauschigen Ort entweicht die flüchtige
    Zeit

Zephire lind und sacht
Die uns kosend umfangen
Zephire haben sacht
Sanfte Küsse gebracht – –
Ach.
Schöne Nacht, du Liebesnacht
O stille mein Verlangen.
Süßer als der Tag uns lacht
Die schöne Liebesnacht – –
Ach.

55. Szene

Schon während der letzten Strophen fiel der Vorhang. Nun hat Juanita ihr Lied beendet und der Liliputaner geht vor dem Vorhang von rechts nach links über die Bühne. Er hält eine Tafel in den Händen und auf dieser Tafel steht: »Pause«.

56. Szene

Pause.

57. Szene

Und wieder wird es dunkel im Zuschauerraum und das Orchester spielt den bayerischen Defiliermarsch von Scherzer. Hierauf hebt sich wieder der Vorhang.

58. Szene

Schauplatz:
Beim Wagnerbräu.
Mit der festlichen Blechmusikkapelle.
Der Merkl Franz ist aufgeräumt und seine Erna mehr be-
scheiden, während Kasimir melancholisch daneben hockt.

59. Szene

ALLES *außer Kasimir, singt zur Blechmusik:*
  Solang der alte Peter
  Am Petersbergerl steht
  Solang die grüne Isar
  Durchs Münchnerstadterl fließt
  Solang am Platzl drunten
  Noch steht das Hofbräuhaus
  Solang stirbt die Gemütlichkeit
  Zu München nimmer aus
  Solang stirbt die Gemütlichkeit
  Zu München nimmer aus!
  Ein Prosit, ein Prosit der Gemütlichkeit!
  Eins, zwei, drei, – gsuffa!

60. Szene

DER MERKL FRANZ Prost Kasimir! Sauf damit du etwas
  wirst!
KASIMIR Was soll ich denn schon werden? Vielleicht gar
  ein Kommerzienrat!
DER MERKL FRANZ So gründ doch eine neue Partei! Und
  werd Finanzminister!

KASIMIR Wer den Schaden hat, hat auch den Spott.

DER MERKL FRANZ Wem nicht zu raten ist, dem ist nicht zu helfen.

Stille.

KASIMIR Jetzt bin ich ein Kraftwagenführer und habe den Führerschein A drei und den Führerschein B drei.

DER MERKL FRANZ Sei nur froh, daß du deine Braut nicht mehr hast, diese arrogante Person!

KASIMIR Das Fräulein sind halt eine Büroangestellte.

DER MERKL FRANZ Das ist noch kein Entschuldigungsgrund.

KASIMIR Überhaupt sind alle Weiber minderwertige Subjekte – – Anwesende natürlich ausgenommen. Sie verkaufen ihre Seele und verraten in diesem speziellen Falle mich wegen einer Achterbahn.

ERNA Wenn ich ein Mann wär, dann tät ich keine Frau anrühren. Ich vertrag schon den Geruch nicht von einer Frau. Besonders im Winter.

61. Szene

ALLES *außer Kasimir, singt nun wieder zur Blechmusik:*
Ich schieß den Hirsch im wilden Forst
Im dunklen Wald das Reh
Den Adler auf der Klippe Horst
Die Ente auf dem See.
Kein Ort der Schutz gewähren kann
Wenn meine Büchse knallt – –
Und dennoch hab ich harter Mann
die Liebe schon gespürt.
Plötzlich Stille.

62. Szene

KASIMIR Und dennoch hab ich harter Mann die Liebe schon gespürt – – und die ist ein Himmelslicht und macht deine Hütte zu einem Goldpalast – – und sie höret nimmer auf, solang du nämlich nicht arbeitslos wirst. Was sind denn das schon überhaupt für Ideale von wegen dem seelischen Ineinanderhineinfließen zweier Menschen? Adam und Eva! Ich scheiß dir was auf den Kontakt – – da hab ich jetzt noch ein Kapital von rund vier Mark, aber heut sauf ich mich an und dann häng ich mich auf – – und morgen werden die Leut sagen: Es hat einmal einen armen Kasimir gegeben – –

DER MERKL FRANZ Einen Dreck werden die Leut sagen! Da sterben ja täglich Tausende – – und sind schon vergessen, bevor daß sie sterben! Vielleicht, daß wenn du ein politischer Toter wärst, nachher tätst noch mit einem Pomp begraben werden, aber schon morgen vergessen – – vergessen!

KASIMIR Ja man ist ziemlich allein.

DER MERKL FRANZ Prost Arschloch!

63. Szene

ALLES *außer Kasimir, singt nun abermals zur Blechmusik:*
Trink, trink, Brüderlein trink
Lasset die Sorgen zuhaus
Deinen Kummer und deinen Schmerz
Dann ist das Leben ein Scherz
Deinen Kummer und deinen Schmerz
Dann ist das Leben ein Scherz.
Plötzlich Stille.

64. Szene

KASIMIR *erhebt sich:* So. Jetzt werd ich aber elementar. Eigentlich sollt ich jetzt zur Karoline nachhause gehen und ihr alle Kleider aus ihrem Kleiderschrank herausreißen und zerreißen, bis die Fetzen fliegen! Jetzt werd ich aber ganz ekelhaft! *Wankend ab.*

65. Szene

ERNA Wo geht denn der da hin?

DER MERKL FRANZ Wenn er nicht hineinfallt, kommt er wieder heraus.

ERNA Ich hab nämlich direkt Angst – –

DER MERKL FRANZ Der tut sich doch nichts an.

ERNA Aber ich glaub es nicht, daß der eine robuste Natur ist. Der ist mehr empfindsam.

DER MERKL FRANZ Du hast ja eine scharfe Beobachtungsgabe.

Stille.

ERNA Du Franz – – laß ihn doch laufen bitte.

DER MERKL FRANZ Wen?

ERNA Den Kasimir.

DER MERKL FRANZ Wieso laufen lassen?

ERNA Der paßt doch nicht zu uns, das hab ich jetzt direkt im Gefühl – – Beeinflusse ihn nicht bitte.

DER MERKL FRANZ Und warum nicht?

ERNA Weil das ist ja auch nichts, was wir da treiben.

DER MERKL FRANZ Seit wann denn?

Stille.

ERNA Geh so tu doch deine Finger aus meinem Bier!

DER MERKL FRANZ Du hast eine scharfe Beobachtungsgabe.

ERNA So tu doch die Finger da raus – –

DER MERKL FRANZ Nein. Das kühlt mich so angenehm. Mein heißes Blut.

ERNA *reißt plötzlich seine Hand aus ihrem Bierkrug.*

DER MERKL FRANZ *grinst perplex.*

66. Szene

ALLES *außer Erna und dem Merkl Franz, singt nun wieder zur Blechmusik; Rauch, Speer, Karoline und Schürzinger gehen vorüber, mit dem Maßkrug in der Hand, Papiermützen auf dem Kopf und Scherzartikel in der Hand – – auch sie singen natürlich mit:*
Trink, trink, Brüderlein trink
Lasset die Sorgen zuhaus
Deinen Kummer und deinen Schmerz
Dann ist das Leben ein Scherz!
Deinen Kummer und deinen Schmerz
Dann ist das Leben ein Scherz!
Plötzlich Stille.

67. Szene

KASIMIR *erscheint mit Elli und Maria – er hält beide umarmt:* Darf ich bekannt machen! Wir drei Hübschen haben uns gerade soeben vor der Toilette kennengelernt! Merkl, kannst du mir das Phänomen erklären, warum daß die Damenwelt immer zu zweit verschwindet?

MARIA Pfui!

DER MERKL FRANZ Hier gibt es kein Pfui, Fräulein!

KASIMIR Wir sind alles nur Menschen! Besonders heute!

Er setzt sich und läßt Elli auf seinem Schoß Platz nehmen.

ELLI *zum Merkl Franz:* Stimmt das jetzt, daß dieser Herr einen Kompressor besitzt.

DER MERKL FRANZ Natürlich hat der einen Kompressor! Und was für einen!

MARIA *zu Elli:* Geh so lasse dich doch nicht so anschwindeln! Der und einen Kompressor!

KASIMIR *zu Maria:* Wenn der Kasimir sagt, daß er einen Kompressor hat, dann hat er aber auch einen Kompressor – – merk dir das, du Mißgeburt!

ELLI *zu Maria:* So sei doch auch schon still.

KASIMIR *streichelt Elli:* Du bist ein anständiges Wesen. Du gefällst mir jetzt. Du hast so schöne weiche Haare und einen glatten Teint.

ELLI Ich möcht gern was zum trinken.

KASIMIR Da! Sauf!

ELLI Da ist ja kein Tropfen mehr drinnen.

KASIMIR Bier her!

KELLNERIN *geht gerade vorbei und stellt ihm eine Maß hin:* Gleich zahlen bitte!

KASIMIR *kramt in seinen Taschen:* Zahlen bitte, zahlen bitte – – ja Herrgottsackelzement, hab ich denn jetzt da schon das ganze Geld weg – –

KELLNERIN *nimmt die Maß wieder mit.*

ELLI *erhebt sich.*

MARIA Und so etwas möchte einen Kompressor haben? Ich hab es dir ja gleich gesagt, daß so etwas im besten Falle ein Fahrrad hat. Auf Abzahlung.

KASIMIR *zu Elli:* Komm, geh her – –

ELLI *winkt:* Grüß dich Gott, Herr Kompressor – – *Ab mit Maria.*

108

68. Szene

KASIMIR Zahlen bitte – – oh du mein armer Kasimir! Ohne Geld bist halt der letzte Hund!

DER MERKL FRANZ Kasimir, der Philosoph.

KASIMIR Wenn man nur wüßt, was daß man für eine Partei wählen soll – –

DER MERKL FRANZ Kasimir, der Politiker.

KASIMIR Leck mich doch du am Arsch, Herr Merkl!
Stille.

DER MERKL FRANZ Schau mich an.

KASIMIR *schaut ihn an.*

DER MERKL FRANZ Es gibt überhaupt keine politische Partei, bei der ich noch nicht dabei war, höchstens Splitter. Aber überall markieren die anständigen Leut den blöden Hund! In einer derartigen Weltsituation muß man es eben derartig machen, wie zum Beispiel ein gewisser Merkl Franz.

KASIMIR Wie?

DER MERKL FRANZ Einfach.
Stille.

DER MERKL FRANZ Zum Beispiel habe ich mich in letzter Zeit spezialisiert – – auf einen gewissen Paragraphen.

KASIMIR Also mit Paragraphen soll man sich nicht einlassen.

DER MERKL FRANZ Du Rindvieh. *Er hält dem Kasimir Zehnmarkscheine unter die Nase.*
Stille.

KASIMIR Nein. So private Aktionen haben wenig Sinn.

ERNA Dort drüben sitzt die Karoline.

KASIMIR *erhebt sich:* Wo?
Stille.

DER MERKL FRANZ Sie hat dich erblickt.

KASIMIR Aber sie geht nicht her.
Stille.

69. Szene

KASIMIR *hält nun eine Rede an die ferne Karoline:* Fräulein
Karoline. Du mußt keineswegs hergehen, weil es halt
jetzt ganz aus ist mit unseren Beziehungen, auch mit den
menschlichen. Du kannst ja auch nichts dafür, dafür
kann ja nur meine Arbeitslosigkeit etwas und das ist nur
logisch, du Schlampen du elendiger! Aber wenn ich jetzt
dem Merkl Franz folgen täte, dann wärest aber nur du
daran schuld – – weil ich jetzt innerlich leer bin. Du hast
in mir drinnen gewohnt und bist aber seit heute ausgezogen aus mir – – und jetzt stehe ich da wie das Rohr im
Winde und kann mich nirgends anhalten – – *Er setzt sich.*

70. Szene

Stille.

DER MERKL FRANZ Also?

KASIMIR Leergebrannt ist die Stätte.

DER MERKL FRANZ Kasimir. Zum letztenmal: wem nicht
zu raten ist, dem ist nicht zu helfen.

KASIMIR Das weiß ich jetzt noch nicht.

DER MERKL FRANZ *streckt ihm seine Hand hin:* Das liegt in
deiner Hand – –

KASIMIR *stiert abwesend vor sich hin:* Ich weiß das jetzt
noch nicht.

ERNA So lasse ihn doch, wenn er nicht mag.

Stille.

DER MERKL FRANZ *fixiert Erna grimmig – – plötzlich
schüttet er ihr sein Bier in das Gesicht.*

ERNA *schnellt empor.*

DER MERKL FRANZ *drückt sie auf ihren Platz zurück:* Da
bleibst! Sonst tritt ich dir in das Gesicht!

71. Szene

ALLES *außer Kasimir, Erna und dem Merkl Franz, singt:*
   Und blühn einmal die Rosen
   Ist der Winter vorbei
   Nur der Mensch hat alleinig
   Einen einzigen Mai
   Und die Vöglein die ziehen
   Und fliegen wieder her
   Nur der Mensch bald er fortgeht
   Nachher kommt er nicht mehr.
   Dunkel.

72. Szene

Nun spielt das Orchester die Petersburger Schlittenfahrt.

73. Szene

Neuer Schauplatz:
Im Hippodrom.
Rauch, Speer, Karoline und Schürzinger betreten es.

74. Szene

RAUCH *zu Karoline:* Na wie wärs mit einem kühnen Ritt?
   Wir sind doch hier im Hippodrom!
KAROLINE Fein! Aber nur keinen Damensattel – – von
   wegen dem festeren Halt.
RAUCH Schneidig!
SPEER Das Fräulein denkt kavalleristisch.

KAROLINE Wenn ich einmal reit, möcht ich aber gleich zweimal reiten – –

RAUCH Auch dreimal!

KAROLINE Fein! *Ab in die Manege.*

75. Szene

SPEER *ruft ihr nach:* Auch viermal!

RAUCH Auch ixmal! *Er setzt sich mit Speer an ein Tischchen auf der Estrade und läßt Flaschenwein auffahren.*

SCHÜRZINGER *bleibt aber drunten stehen und stiert Karoline ständig nach; jetzt wird ein altes lahmes Pferd mit einem Damensattel, in dem ein zehnjähriges kurzsichtiges Mädchen sitzt, an der Estrade vorbei in die Manege geführt – – gleich darauf ertönt Musik, die wo dann immer wieder mitten im Takt abbricht, wenn nämlich einige Runden vorbei sind und man neu bezahlen muß; auch Peitschengeknalle ist zu vernehmen; Schürzinger stellt sich auf einen Stuhl, um besser zusehen zu können; auch Rauch und Speer sehen natürlich zu.*

76. Szene

RAUCH Wacker! Prima!

SPEER Eine Amazone!

RAUCH Ein Talent! Da wackelt der Balkon! Radfahrende Mädchen erinnern von hinten an schwimmende Enten.

SPEER *wendet sich wieder dem Flaschenwein zu:* Mensch Rauch! Wie lange habe ich keinen Gaul mehr unter mir gehabt!

RAUCH Tatsächlich?

SPEER 1912 – – da konnt ich mir noch zwei Pferde halten. Aber heute? Ein armer Richter. Wo sind die Zeiten! Das waren zwei Araber. Stuten. Rosalinde und Yvonne.

RAUCH *hat sich nun auch wieder dem Flaschenwein zugewandt:* Du hast doch auch spät geheiratet?

SPEER Immer noch früh genug.

RAUCH Das sowieso. *Er erhebt sein Glas.* Spezielles!
Stille.

RAUCH Ich hab mein Weib nach Arosa und überallhin – – der Junge ist ja kerngesund.

SPEER Wann macht er denn seinen Doktor?

RAUCH Nächstes Semester. Wir werden alt.
Stille.

SPEER Ich bin schon zweimal Großpapa. Es bleibt immer etwas von einem zurück. Ein Körnchen.

77. Szene

KAROLINE *erscheint nun wieder und möchte an dem Schürzinger vorbei, der noch immer auf dem Stuhle steht.*

SCHÜRZINGER *gedämpft:* Halt! In deinem Interesse.

KAROLINE Auweh.

SCHÜRZINGER Wieso auweh?

KAROLINE Weil wenn ein Mann so anfangt, dann hat er Hintergedanken.

SCHÜRZINGER *steigt langsam vom Stuhl herab und tritt dicht an Karoline heran:* Ich habe keine Hintergedanken. Ich bin jetzt nämlich wieder etwas nüchterner geworden. Bitte trinke keinen Alkohol mehr.

KAROLINE Nein. Heut trink ich was ich will.

SCHÜRZINGER Du kannst es dir nicht ausmalen in deiner Phantasie, was die beiden Herrschaften dort über dich reden.

KAROLINE Was reden sie denn über mich?

SCHÜRZINGER Sie möchten dich betrunken machen.

KAROLINE Oh ich vertrag viel.

Stille.

SCHÜRZINGER Und dann sagt er es ganz offen heraus, der Herr Kommerzienrat.

KAROLINE Was?

SCHÜRZINGER Daß er dich haben möchte. Erotisch. Noch heute Nacht.

Stille.

KAROLINE So. Also haben möchte er mich – –

SCHÜRZINGER Er sagt es vor mir, als wäre ich ein Nichts. So etwas ist doch keine Gesellschaft für dich. Das ist doch unter deiner Würde. Komm, empfehlen wir uns jetzt auf französisch – –

KAROLINE Wohin?

Stille.

SCHÜRZINGER Wir können auch noch einen Tee trinken. Vielleicht bei mir.

Stille.

KAROLINE Du bist auch nur ein Egoist. Akkurat der Herr Kasimir.

SCHÜRZINGER Jetzt sprichst du spanisch.

KAROLINE Jawohl, Herr Kasimir.

SCHÜRZINGER Ich heiße Eugen.

KAROLINE Und ich heiße Karoline.

Stille.

SCHÜRZINGER Ich bin nämlich ein schüchterner Mensch. Und zuvor bei den Abnormitäten, da habe ich über eine gemeinsame Zukunft geträumt. Aber das war eben nur eine momentane Laune von einem gewissen Fräulein Karoline.

KAROLINE Jawohl, Herr Eugen.

SCHÜRZINGER Oft verschwendet man seine Gefühle – –

KAROLINE Menschen ohne Gefühl haben es viel leichter im Leben. *Sie läßt ihn stehen und wendet sich der Estrade zu; Schürzinger setzt sich nun auf den Stuhl.*

78. Szene

RAUCH Ich gratuliere!

SPEER Sie sind talentiert. Das sage ich Ihnen als alter Ulan.

KAROLINE Ich dachte, der Herr wär ein Richter.

SPEER Haben Sie schon mal einen Richter gesehen, der kein Offizier war? Ich nicht!

RAUCH Es gibt schon einige – –

SPEER Juden!

KAROLINE Also nur keine Politik bitte!

SPEER Das ist doch keine Politik!

RAUCH Ein politisch Lied ein garstig Lied – – *Er prostet mit Karoline.* Auf unseren nächsten Ritt!

KAROLINE Ich möchte ja sehr gerne noch reiten. Die dreimal waren so schnell herum.

RAUCH Also noch einmal dreimal!

SPEER *erhebt sein Glas:* Rosalinde und Yvonne! Wo seid ihr jetzt? Ich grüße euch im Geiste! Was ist ein Kabriolett neben einem Gaul!

KAROLINE O ein Kabriolett ist schon auch etwas Feudales!

SPEER *wehmütig:* Aber man hat doch nichts Organisches unter sich – –

RAUCH *leise:* Darf ich Ihnen eröffnen, daß ich ein feudales Kabriolett besitze. Ich hoffe, Sie fahren mit.
Stille.

KAROLINE Wohin?

RAUCH Nach Altötting.

KAROLINE Nach Altötting ja – – *Ab wieder in die Manege – – an dem Schürzinger vorbei, der nun einen*

*seiner Mitesser in seinem Taschenspiegel aufmerksam
betrachtet.*

79. Szene

RAUCH *ist nun bereits ziemlich betrunken – – selig diri-
giert er vor sich hin, als wäre er der Kapellmeister der
Hippodrommusik; die spielt gerade einen Walzer.*
SPEER *ist noch betrunkener:* Altötting? Wo liegt denn
Altötting?
RAUCH *singt nach den Walzerklängen:* In meinem Käm-
merlein – – eins zwei drei – – in meinem Bettelein – –
eins zwei drei – – *Er summt.*
SPEER *boshaft:* Und dein Herr Angestellter dort?
Die Musik bricht ab mitten im Takt.
RAUCH *schlägt mit der Hand auf den Tisch und fixiert
Speer gehässig.*
Jetzt spielt die Musik wieder, und zwar ein Marschlied.
RAUCH *singt grimmig mit und fixiert den Speer noch im-
mer dabei:*
Ja wir sind Zigeuner
Wandern durch die Welt
Haben fesche Weiber
Die verdienens Geld
Dort auf jener Wiese
Hab ich sie gefragt
Ob sie mich mal ließe
»Ja« hat sie gelacht!
Die Musik bricht wieder plötzlich ab.
SPEER *noch boshafter:* Und Ihr Herr Angestellter dort?
RAUCH *brüllt ihn an:* Nur kein Neid! *Er erhebt sich und
torkelt zu dem Schürzinger.*

116

RAUCH Herr – –

SCHÜRZINGER *ist aufgestanden:* Schürzinger.

RAUCH Stimmt. Auffallend! *Er steckt ihm abermals eine Zigarre in den Mund.* Noch eine Zigarre – – ein gelungener Abend.

SCHÜRZINGER Sehr gelungen, Herr Kommerzienrat.

RAUCH Apropos gelungen: Kennen Sie die historische Anekdote von Ludwig dem Fünfzehnten, König von Frankreich – – Hören Sie her: Ludwig der Fünfzehnte ging eines Abends mit seinem Leutnant und dessen Braut in das Hippodrom. Und da hat sich jener Leutnant sehr bald verabschiedet, weil er sich überaus geehrt gefühlt hat, daß sein Monarch sich für seine Braut so irgendwie interessiert – – Geehrt hat er sich gefühlt! Geehrt!

Stille.

SCHÜRZINGER Ja diese Anekdote ist mir nicht unbekannt. Jener Leutnant wurde dann bald Oberleutnant – –

RAUCH So? Das ist mir neu.

Stille.

SCHÜRZINGER Darf ich mich empfehlen, Herr Kommerzienrat – – *Ab.*

81. Szene

SPEER *nähert sich Rauch; er ist nun total betrunken:* Herr Kommerzienrat. Sie sind wohl wahnsinnig geworden, daß Sie mich so anbrüllen – – Sie wissen wohl nicht, wen Sie vor sich haben! Speer! Landgerichtsdirektor!

RAUCH Freut mich!

SPEER Sie mich auch!

Stille.

RAUCH Lieber Werner, mir scheint, du bist besoffen.

SPEER Ist das dein Ernst, Konrad?

RAUCH Absolut.

Stille.

SPEER Das Gericht zieht sich zur Beratung zurück. Das Gericht erklärt sich für nicht befangen. Keine Bewährungsfrist. Versagung mildernder Umstände. Keine Bewährungsfrist!

RAUCH *boshaft:* Gibts denn in Erfurt keine Mädchen?

SPEER Kaum.

RAUCH *grinst:* Ja was machen denn da die Erfurter?

SPEER *fixiert ihn grimmig – – plötzlich versetzt er ihm einen gewaltigen Stoß und tritt sogar nach ihm, erwischt ihn aber nicht.*
Stille.

RAUCH Soll eine vierzigjährige Freundschaft so zerbrechen?

SPEER Im Namen des Königs – – *Er hebt die Hand zum Schwur.* Bei dem Augenlichte meiner Enkelkinder schwör ich es dir, jetzt sind wir zwei getrennt – – von Tisch und Bett!
Er torkelt ab.

82. Szene

RAUCH *sieht ihm nach:* Traurig, aber wahr – – auch ein Reptil. Ein eifersüchtiges Reptil. Aber der Konrad Rauch, der stammt aus einem alten markigen Bauerngeschlecht und solche Paragraphen sind für ihn Papier! Trotz seiner zweiundsechzig Jahr! Au – – *Er windet sich plötzlich und setzt sich auf Schürzingers Stuhl.* Was war denn jetzt das? – – – – Hoffentlich werd ich heut

Nacht nicht wieder schwindlig – – der Joseph hat ja
einen Blutsturz gehabt – – Achtung, Achtung, Konrad
Rauch! Achtung!

83. Szene

KAROLINE *erscheint und sieht sich um.*
  Stille.
KAROLINE Wo ist denn der Herr Schürzinger?
RAUCH Er läßt sich bestens empfehlen.
  Stille.
KAROLINE Und der Herr Ulanenoffizier ist auch fort?
RAUCH Wir sind allein.
  Stille.
KAROLINE Fahren wir wirklich nach Altötting?
RAUCH Jetzt. *Er versucht aufzustehen, muß sich aber
  gleich wieder setzen, und zwar schmerzverzerrt.* Was
  verdienen Sie monatlich?
  Stille.
KAROLINE Fünfundfünfzig Mark.
RAUCH Schön.
KAROLINE Ich bin auch froh, daß ich das habe.
RAUCH In der heutigen Zeit.
KAROLINE Nur hat man so gar keinen Zukunftsblick.
  Höchstens, daß ich mich verdreifache. Aber dann bin
  ich schon grau.
RAUCH Zukunft ist eine Beziehungsfrage – – *jetzt erhebt
  er sich* – – und Kommerzienrat Konrad Rauch ist eine
  Beziehung. Auf nach Altötting!
  Musiktusch.
  Dunkel.

84. Szene

Nun spielt das Orchester das Mailüfterl.

85. Szene

Neuer Schauplatz:
Auf dem Parkplatz für die Privatautos hinter der Ok-
toberfestwiese. Im Vordergrund eine Bank. Der Merkl
Franz taucht auf mit seiner Erna und Kasimir.

86. Szene

DER MERKL FRANZ Alsdann hier hätten wir es. Es treibt
sich da nämlich nur der bewußte eine Parkwächter
herum – – und der steht meistens dort drüben, weil man
von dort die schönere Aussicht auf die Festwiese hat.
Erna! Jetzt werd aber endlich munter!

ERNA Ich bin noch naß von dem Bier.

DER MERKL FRANZ Das war doch nur halb so tragisch
gemeint.

ERNA Tut es dir leid?
Stille.

DER MERKL FRANZ Nein.
In der Ferne ertönt ein Pfiff.

DIE DREI LEUT *lauschen.*

DER MERKL FRANZ Kriminaler?

ERNA Gib nur acht, Franz!

DER MERKL FRANZ A priori habt ihr das hier zu tun – – wenn
sich was Unrechts rühren sollte. Heut parken ja da allerhand hochkapitalistische Limousinen. Lauter Steuerhinterzieher – – *Er verschwindet zwischen den Limousinen.*

87. Szene

KASIMIR *wie zu sich:* Auf Wiedersehen!

88. Szene

ERNA Der Merkl hat doch eine komische Natur. Zuerst bringt er einen um und dann tut es ihm leid.

KASIMIR Er ist halt kein durchschnittlicher Mensch.

ERNA Weil er sehr intelligent ist. Der drückt so ein Auto-türerl auf und ein Fensterscheiberl ein – – da hörst aber keinen Laut.

KASIMIR Es bleibt einem ja nichts anderes übrig.

ERNA Das schon vielleicht.

Stille.

KASIMIR Vorgestern, da hätt ich dem noch das Kreuz abgeschlagen und die Gurgel hergedruckt, der es sich herausgenommen hätte, sich etwas aus meinem Ka-briolett herauszuholen – – und heute ist das umgekehrt. So ändert man sich mit dem Leben.

ERNA Heute sehe ich so schlecht. Ich bin noch geblendet durch das Licht.

KASIMIR Ich weniger.

Stille.

ERNA Oft male ich mir eine Revolution aus – – dann seh ich die Armen durch das Siegestor ziehen und die Reichen im Zeiserlwagen, weil sie alle miteinander gleich soviel lü-gen über die armen Leut – – Sehens, bei so einer Revolu-tion, da tät ich gerne mit der Fahne in der Hand sterben.

KASIMIR Ich nicht.

ERNA Meinen Bruder, den haben sie in einer Kiesgrube erschossen – – Wissens seinerzeit nachdem damals der Krieg aus war – – 1919.

KASIMIR Das ist auch nichts.

ERNA Aber mein Bruder hat sich doch aufgeopfert.

KASIMIR Das wird ihm halt mehr Vergnügen gemacht haben, daß er sich aufgeopfert hat.

ERNA Geh redens doch nicht so saudumm daher! Da hat ja noch selbst der Merkl Franz eine Achtung vor meinem toten Bruder!

Stille.

KASIMIR Dann bin ich halt schlechter als wie der Merkl Franz.

ERNA Weil Sie halt auch sehr verbittert sind.

KASIMIR Ich glaub es aber nicht, daß ich gut bin.

ERNA Aber die Menschen wären doch gar nicht schlecht, wenn es ihnen nicht schlecht gehen tät. Es ist das eine himmelschreiende Lüge, daß der Mensch schlecht ist.

89. Szene

DER MERKL FRANZ *kommt mit seiner Aktentasche zwischen den Limousinen hervor und nähert sich drohend Erna:* Was soll da jetzt eine himmelschreiende Lüge sein?

ERNA Daß der Mensch schlecht ist.

DER MERKL FRANZ Achso.

Stille.

ERNA Es gibt überhaupt keine direkt schlechten Menschen.

DER MERKL FRANZ Daß ich nicht lache.

KASIMIR Der Mensch ist halt ein Produkt seiner Umgebung.

DER MERKL FRANZ Da. Eine Aktentasche – – *Er holt aus ihr ein Buch heraus und entziffert den Titel.* »Der erotische Komplex« – – und ein Kuvert: Herrn Kom-

merzienrat Konrad Rauch – – – – Ich meine, daß wir
diese Bibliothek dem Herrn Kommerzienrat wieder
zurückschenken könnten – – *Zu Erna.* Oder hast du
vielleicht Interesse an diesem erotischen Komplex?

ERNA Nein.

DER MERKL FRANZ Drum.

KASIMIR Ich auch nein.

DER MERKL FRANZ Brav. Sehr brav – – Aber ihr müßt doch
da so hin und her zum Scheine – – das fällt doch auf,
wenn ihr da so festgewurzelt herumsteht – – *Er verschwindet wieder zwischen den Limousinen.*

90. Szene

ERNA Also kommens hin und her – –

KASIMIR Verzeihen Sie mir bitte.

ERNA Was denn?

KASIMIR Nämlich das habe ich mir jetzt überlegt. Ja das
war pfeilgerade pietätlos von mir – – diese Anspielung
zuvor mit Ihrem toten Bruder.
Stille.

ERNA Das hab ich gewußt von Ihnen, Herr Kasimir. *Ab
mit ihm.*

91. Szene

*Nun spielt das Orchester den Militärmarsch 1822 von
Schubert und es ist eine Zeit lang kein Mensch zu sehen;
dann kommt Speer mit Elli und Maria; er ist wieder etwas
nüchterner geworden, aber noch immer betrunken; das
Orchester bricht mitten im Takt ab.*

92. Szene

MARIA Nein das sind hier nur Privatautos, die Mietautos stehen dort vorne ganz bei der Sanitätsstation.

ELLI *bleibt plötzlich zurück.*

SPEER Na was hat sie denn, das blonde Gift – –

MARIA Ich weiß nicht, was die hat. Das hat sie nämlich oft, daß sie plötzlich so streikt – – *Sie ruft.* Elli!

ELLI *gibt keine Antwort.*

MARIA Elli! So komme doch her!

ELLI *rührt sich nicht.*

SPEER Im Namen des Volkes!

MARIA Ich werd sie schon holen – – *Sie nähert sich Elli.*

93. Szene

MARIA *zu Elli:* So sei doch nicht so damisch!

ELLI Nein. Ich tue da nicht mit.

SPEER *lauscht, hört aber nichts.*

MARIA Das habe ich gern – – zuerst bist frech und herausfordernd zu den Herren der Schöpfung, aber dann ziehst du den Schwanz ein! So sei doch nicht so feig. Wir kriegen ja zehn Mark. Du fünf und ich fünf. Denk doch auch ein bißchen an deine Zahlungsbefehle. *Stille.*

ELLI Aber der alte Sauhund ist doch ganz pervers.

MARIA Geh das ist doch nur Munderotik!

SPEER *senil:* Elli! Elli! Ellile – – Ellile – –

MARIA Komm, sei friedlich – – *Sie führt Elli zu Speer und ab.*

94. Szene

*Nun ist wieder eine Zeit lang kein Mensch zu sehen und
das Orchester fährt fort mit dem Militärmarsch 1822 von
Schubert; dann kommt Rauch mit Karoline; sie halten vor
seinem feudalen Kabriolett und er sucht den Schlüssel;
und das Orchester bricht wieder mitten im Takt ab.*

95. Szene

KAROLINE Das ist doch da ein Austro-Daimler?

RAUCH Erraten! Bravo!

KAROLINE Mein ehemaliger Bräutigam hat auch einen
Austro-Daimler gefahren. Er war nämlich ein Chauffeur. Ein komischer Mensch. Zum Beispiel vor drei
Monaten da wollten wir zwei eine Spritztour machen
hinaus in das Grüne – – und da hat er einen Riesenkrach mit einem Kutscher bekommen, weil der seinen
Gaul geprügelt hat. Denkens, wegen einem Gaul! Und
dabei ist er selbst doch ein Chauffeur. Man muß das
schon zu würdigen wissen.

RAUCH *hatte endlich seinen Schlüssel gefunden und öffnet
nun die Wagentüre:* Darf man bitten, Gnädigste – –

96. Szene

KASIMIR *kommt mit Erna wieder vorbei; er erblickt Karoline – – sie erkennen und fixieren sich.*

97. Szene

KAROLINE *läßt Rauch stehen und hält dicht vor Kasimir:*
Lebe wohl, Kasimir.

KASIMIR Lebe wohl.

KAROLINE Ja. Und viel Glück.

KASIMIR Prost.
Stille.

KAROLINE Ich fahre jetzt nach Altötting.

KASIMIR Mahlzeit.
Stille.

KASIMIR Das ist ein schönes Kabriolett dort. Akkurat so
ein ähnliches bin ich auch einmal gefahren. Noch vorgestern.

RAUCH Darf man bitten, Gnädigste!

KAROLINE *läßt Kasimir langsam stehen und steigt mit
Rauch ein – – und bald ist kein Kabriolett mehr zu
sehen.*

98. Szene

KASIMIR *sieht dem verschwundenen Kabriolett nach; er
imitiert Rauch:* Darf man bitten, Gnädigste – –
Dunkel.

99. Szene

*Und wieder setzt das Orchester mit dem Militärmarsch
1822 von Schubert ein und spielt ihn zu Ende.*

100. Szene

Neuer Schauplatz:
Vor der Sanitätsstation auf der Oktoberfestwiese.
Ein Sanitäter bemüht sich um Rauch, der auf einer Bank
vor der Sanitätsbaracke sitzt und umständlich zwei Pillen
mit Wasser schluckt. Karoline ist auch dabei.
Und die Luft ist noch immer voll Wiesenmusik.

101. Szene

KAROLINE *beobachtet Rauch:* Geht es Ihnen schon besser?
RAUCH *gibt keine Antwort, sondern legt sich rücklings*
auf die Bank.
DER SANITÄTER Es geht ihm noch nicht besser, Fräulein.
Stille.
KAROLINE Eigentlich haben wir ja nur nach Altötting fahren wollen, aber dann ist es ihm plötzlich schlecht
geworden, dem Herrn Kommerzienrat – – der Speichel
ist ihm aus dem Munde heraus und wenn ich nicht im
letzten Moment gebremst hätte, dann wären wir jetzt
vielleicht schon hinüber.
DER SANITÄTER Alsdann verdankt er Ihnen sein Leben.
KAROLINE Wahrscheinlich.
DER SANITÄTER Logischerweise. Indem daß Sie gebremst
haben.
KAROLINE Ja ich kenne mich aus mit der Fahrerei, weil
mein ehemaliger Bräutigam ein Chauffeur gewesen ist.

102. Szene

Nun intoniert das Orchester piano den Walzer »Bist dus

lachendes Glück?« und aus der Sanitätsbaracke treten
Oktoberfestbesucher mit verbundenen Köpfen und Glied-
maßen, benommen und humpelnd – – auch der Liliputaner und der Ausrufer befinden sich unter ihnen. Alle
verziehen sich nach Hause und dann bricht das Orchester
den Walzer wieder ab, und zwar mitten im Takt.

103. Szene

KAROLINE *leise:* Herr Sanitäter. Was ist denn passiert?
Eine Katastrophe?

DER SANITÄTER Warum?

KAROLINE Ist denn die Achterbahn eingestürzt?

DER SANITÄTER Weit gefehlt! Nur eine allgemeine Raufe-
rei hat stattgefunden.

KAROLINE Wegen was?

DER SANITÄTER Wegen nichts.

Stille.

KAROLINE Wegen nichts. Die Menschen sind halt wilde
Tiere.

DER SANITÄTER Sie werden sie nicht ändern.

KAROLINE Trotzdem.

Stille.

DER SANITÄTER Angeblich hat da so ein alter Casanova
mit zwei Fräuleins in ein Mietauto einsteigen wollen
und dabei ist er von einigen Halbwüchsigen belästigt
worden. Angeblich soll der eine Halbwüchsige seinen
Schuh ausgezogen haben und selben dem alten Casanova unter die Nase gehalten haben, damit daß der
daran riechen soll – – aber der hat halt nicht riechen
wollen und da soll ihm ein anderer Halbwüchsiger
einen Schlag in das Antlitz versetzt haben. Das Resultat
war halt, daß in null Komma null hundert Personen

gerauft haben, keiner hat mehr gewußt, was los ist,
aber ein jeder hat nur um sich geschlagen. Die Leut sind
halt alle nervös und vertragen nichts mehr.

[handwritten annotation: Underlying insecurity due to unemployment. Finally erupts into a violent free-for-all.]

104. Szene

DER ARZT *erscheint in der Türe der Sanitätsbaracke:*
Sind die Tragbahren noch nicht da?

DER SANITÄTER Noch nicht, Herr Doktor.

DER ARZT Also wir haben sechs Gehirnerschütterungen,
einen Kieferbruch, vier Armbrüche, davon einer kom-
pliziert, und das andere sind Fleischwunden. Ein schö-
ner Saustall sowas! Deutsche gegen Deutsche! *Ab.*

105. Szene

KAROLINE Kieferbruch – – oh das muß weh tun.

DER SANITÄTER Heutzutag ist das halb so schlimm in An-
betracht unserer Errungenschaften.

KAROLINE Aber gezeichnet bist du für dein ganzes Leben,
als hätte man dir ein Ohr abgeschnitten. Besonders als
Frau.

DER SANITÄTER Das ist aber keine Frau, dem sie da den
Kiefer zerschlagen haben, sondern das ist akkurat be-
sagter alter Casanova.

KAROLINE Dann ist es schon gut.

DER SANITÄTER Es ist das sogar ein hoher Justizmann. Aus
Norddeutschland. Ein gewisser Speer.

RAUCH *hatte gehorcht und brüllt nun:* Was?! *Er erhebt
sich.* Speer? Casanova? Justiz!? *Er faßt sich an das
Herz.*
Stille.

KAROLINE Regens Ihnen nur nicht auf, Herr Kommerzienrat – –

RAUCH *fährt sie an:* Was stehens denn da noch herum,
Fräulein? Leben Sie wohl! Habe die Ehre! Adieu!
Stille.

RAUCH Kieferbruch. Armer alter Kamerad – – Diese Sau-
weiber. Nicht mit der Feuerzange. Dreckiges Pack.
Ausrotten. Ausrotten – – alle!

KAROLINE Das habe ich mir nicht verdient um Sie, Herr
Kommerzienrat – –

RAUCH Verdient? Das auch noch?
Stille.

KAROLINE Ich habe Ihnen das Leben gerettet.

RAUCH Das Leben?
Stille.

RAUCH *grinst.* Tät Ihnen so passen – –
Stille.

RAUCH Adieu. *Zum Sanitäter.* Wo liegt er denn, der Herr
Landgerichtsdirektor? Noch da drinnen?

DER SANITÄTER Zu Befehl, Herr Kommerzienrat!

106. Szene

RAUCH *nähert sich langsam der Sanitätsbaracke – – da
erscheinen Elli und Maria in der Türe, und zwar Maria
mit dem Arm in der Schlinge und Elli mit dick verbun-
denem Auge. Maria erkennt Rauch und fixiert ihn – –
auch Rauch erkennt sie und hält momentan.*

107. Szene

MARIA *grinst:* Ah, der Herr Nachttopf – – Schau Elli,
schau – –

ELLI *hebt den Kopf und versucht zu schauen:* Au mein
    Auge!
    Stille.
RAUCH *richtet seine Krawatte und geht an Elli und Maria
    vorbei in die Sanitätsbaracke.*
KAROLINE *kreischt plötzlich:* Auf Wiedersehen, Herr
    Nachttopf!
    Dunkel.

Has seen
thro' Rauch

108. Szene

*Nun spielt das Orchester den Walzer »Bist dus lachendes
Glück?«*

109. Szene

Neuer Schauplatz:
*Wieder auf dem Parkplatz, aber an einer anderen Stelle, dort
wo die Fahnen der Ausstellung schon sichtbar werden.*
*Kasimir und Erna gehen noch immer auf und ab — —
plötzlich hält Kasimir. Und Erna auch.*

110. Szene

KASIMIR Wo steckt denn der Merkl?
ERNA Der wird schon irgendwo stecken.
    Stille.
KASIMIR Und wo das Fräulein Karoline jetzt steckt, das ist
    mir wurscht.
ERNA Nein das wäre keine Frau für Sie. Ich habe mir
    dafür einen Blick erworben.

131

KASIMIR So ein Weib ist ein Auto, bei dem nichts richtig funktioniert – – immer gehört es repariert. Das Benzin ist das Blut und der Magnet das Herz – – und wenn der Funke zu schwach ist, entsteht eine Fehlzündung – – und wenn zuviel Öl drin ist, dann raucht er und stinkt er – –

ERNA Was Sie für eine Phantasie haben. Das haben nämlich nur wenige Männer. Zum Beispiel der Merkl hat keine. Überhaupt haben Sie schon sehr recht, wenn Sie das sagen, daß der Merkl mich ungerecht behandelt – – Nein! Das laß ich mir auch nicht weiter bieten – – *Sie schreit plötzlich unterdrückt auf.* Jesus Maria Josef! Merkl! Franz! Jesus Maria – – *Sie hält sich selbst den Mund zu und wimmert.*

KASIMIR Was ist denn los?

ERNA Dort – – sie haben ihn. Franz! Sehens die beiden Kriminaler – – Verzeih mir das, Franz! – – Nein, ich schimpfe nicht, ich schimpfe nicht – –
Stille.

KASIMIR An allem ist nur dieses Luder schuld. Diese Schnallen. Dieses Fräulein Karoline!

ERNA Er wehrt sich gar nicht – – geht einfach mit – – – – *Sie setzt sich auf die Bank.* Den seh ich nimmer.

KASIMIR Geh den werdens doch nicht gleich hinrichten!

ERNA Das kommt auf dasselbe hinaus. Weil er doch schon oft vorbestraft ist – – da hauns ihm jetzt fünf Jahr Zuchthaus hinauf wie nichts – – und dann kommt er nicht mehr heraus, weil er sich ja während seiner Vorstrafen schon längst eine Tuberkulose geholt hat – – – – Der kommt nicht mehr heraus!
Stille.

KASIMIR Sind Sie auch vorbestraft?

ERNA Ja.

KASIMIR *setzt sich neben Erna.*

Stille.

ERNA Was glauben Sie, wie alt daß ich bin?

KASIMIR Fünfundzwanzig.

ERNA Zwanzig.

KASIMIR Wir sind halt heutzutag alle älter als wie wir
sind.

Stille.

KASIMIR Dort kommt jetzt der Merkl.

ERNA *zuckt zusammen:* Wo?

Stille.

111. Szene

*Der Merkl Franz geht nun mit einem Kriminaler vorbei,
an dessen Handgelenk er gefesselt ist – – er wirft noch
einen letzten Blick auf Erna.*

112. Szene

Stille.

ERNA Der arme Franz. Der arme Mensch – –

KASIMIR So ist das Leben.

ERNA Kaum fängt man an, schon ist es vorbei.

Stille.

KASIMIR Ich habe es immer gesagt, daß so kriminelle Aktionen keinen Sinn haben – – Mir scheint, ich werde mir
den armen Merkl Franz als warnendes Beispiel vor
Augen halten.

ERNA Lieber stempeln.

KASIMIR Lieber hungern.

ERNA Ja.

Stille.

ERNA Ich hab es ja dem armen Franz gesagt, daß er Sie in
Ruhe lassen soll, weil ich das gleich im Gefühl gehabt
habe, daß Sie anders sind – – darum hat er mir ja auch
das Bier ins Gesicht geschüttet.

KASIMIR Darum?

ERNA Ja. Wegen Ihnen.

KASIMIR Das ist mir neu. Daß Sie da wegen mir – – Verdiene ich denn das überhaupt?

ERNA Das weiß ich nicht.
Stille.

KASIMIR Ist das jetzt der Große Bär dort droben?

ERNA Ja. Und das dort ist der Orion.

KASIMIR Mit dem Schwert.

ERNA *lächelt leise:* Wie Sie sich das gemerkt haben – –
Stille.

KASIMIR *starrt noch immer in den Himmel:* Die Welt ist
halt unvollkommen.

ERNA Man könnt sie schon etwas vollkommener machen.

KASIMIR Sind Sie denn auch gesund? Ich meine jetzt, ob
Sie nicht auch etwa die Tuberkulose haben von diesem
armen Menschen?

ERNA Nein. Soweit bin ich ganz gesund.
Stille.

KASIMIR Ich glaub, wir sind zwei verwandte Naturen.

ERNA Mir ist auch, als täten wir uns schon lange kennen.
Stille.

KASIMIR Wie hat er denn geheißen, Ihr toter Bruder?

ERNA Ludwig. Ludwig Reitmeier.
Stille.

KASIMIR Ich war mal Chauffeur, bei einem gewissen Reitmeier. Der hat ein Wollwarengeschäft gehabt. En gros.
Er legt seinen Arm um ihre Schultern.

ERNA *legt ihren Kopf an seine Brust:* Dort kommt jetzt
die Karoline.

134

KAROLINE *kommt und sieht sich suchend um – – erblickt*
Kasimir und Erna, nähert sich langsam und hält dicht
vor der Bank: Guten Abend, Kasimir.
Stille.

KAROLINE So schau doch nicht so ironisch.

KASIMIR Das kann jede sagen.
Stille.

KAROLINE Du hast schon recht.

KASIMIR Wieso hernach?

KAROLINE Eigentlich hab ich ja nur ein Eis essen wollen – – aber dann ist der Zeppelin vorbeigeflogen und
ich bin mit der Achterbahn gefahren. Und dann hast du
gesagt, daß ich dich automatisch verlasse, weil du arbeitslos bist. Automatisch, hast du gesagt.

KASIMIR Jawohl, Fräulein.
Stille.

KAROLINE Ich habe es mir halt eingebildet, daß ich mir
einen rosigeren Blick in die Zukunft erringen könnte – – und einige Momente habe ich mit allerhand
Gedanken gespielt. Aber ich müßte so tief unter mich
hinunter, damit ich höher hinauf kann. Zum Beispiel
habe ich dem Herrn Kommerzienrat das Leben gerettet, aber er hat nichts davon wissen wollen.

KASIMIR Jawohl, Fräulein.
Stille.

KAROLINE Du hast gesagt, daß der Herr Kommerzienrat
mich nur zu seinem Vergnügen benützen möchte und
daß ich zu dir gehöre – – und da hast du schon sehr
recht gehabt.

KASIMIR Das ist mir jetzt wurscht! Jetzt bin ich darüber hinaus, Fräulein! Was tot ist, ist tot und es gibt keine Gespenster, besonders zwischen den Geschlechtern nicht!

Stille.

KAROLINE *gibt ihm plötzlich einen Kuß.*

KASIMIR Zurück! Brrr! Pfui Teufel! *Er spuckt aus.* Brrr!

ERNA Ich versteh das gar nicht, wie man als Frau so wenig
Feingefühl haben kann!

KAROLINE *zu Kasimir:* Ist das die neue Karoline?

KASIMIR Das geht dich einen Dreck was an, Fräulein!

KAROLINE Und den Merkl Franz betrügen, ist das vielleicht ein Feingefühl?!

ERNA Der Merkl Franz ist tot, Fräulein.

Stille.

KAROLINE Tot? *Sie lacht – – verstummt aber plötzlich;
gehässig zu Erna.* Und das soll ich dir glauben, du
Zuchthäuslerin?

KASIMIR Geh halts Maul und fahr ab.

ERNA *zu Kasimir:* So lasse sie doch. Sie weiß ja nicht, was
sie tut.

Stille.

114. Szene

KAROLINE *vor sich hin:* Man hat halt oft so eine Sehn-
sucht in sich – – aber dann kehrt man zurück mit
gebrochenen Flügeln und das Leben geht weiter, als
wär man nie dabei gewesen – –

115. Szene

SCHÜRZINGER *erscheint, und zwar aufgeräumt – – mit
einem Luftballon an einer Schnur aus seinem Knopf-
loch; er erblickt Karoline:* Ja wen sehen denn meine
entzündeten Augen? Das ist aber schon direkt Schick-

sal, daß wir uns wiedertreffen. Karoline! Übermorgen
wird der Leutnant Eugen Schürzinger ein Oberleutnant
Eugen Schürzinger sein – – und zwar in der Armee
Seiner Majestät Ludwigs des Fünfzehnten – – und das
verdanke ich dir.

KAROLINE Aber das muß ein Irrtum sein.

SCHÜRZINGER Lächerlich!

Stille.

KAROLINE Eugen. Ich habe dich vor den Kopf gestoßen
und das soll man nicht, weil man alles zurückgezahlt
bekommt – –

SCHÜRZINGER Du brauchst einen Menschen, Karoline – –

KAROLINE Es ist immer der gleiche Dreck.

SCHÜRZINGER Pst! Es geht immer besser und besser.

KAROLINE Wer sagt das?

SCHÜRZINGER Coué.

Stille.

SCHÜRZINGER Also los. Es geht besser – –

KAROLINE *sagt es ihm tonlos nach:* Es geht besser – –

SCHÜRZINGER Es geht immer besser, immer besser – –

KAROLINE Es geht immer besser, besser – – immer besser – –

SCHÜRZINGER *umarmt sie und gibt ihr einen langen Kuß.*

KAROLINE *wehrt sich nicht.*

SCHÜRZINGER Du brauchst wirklich einen Menschen.

KAROLINE *lächelt:* Es geht immer besser – –

SCHÜRZINGER Komm – – *Ab mit ihr.*

116. Szene

KASIMIR Träume sind Schäume.

ERNA Solange wir uns nicht aufhängen, werden wir nicht
verhungern.

Stille.
KASIMIR Du Erna – –
ERNA Was?
KASIMIR Nichts.
Stille.

117. Szene

ERNA *singt leise – – und auch Kasimir singt allmählich mit:*
Und blühen einmal die Rosen
Wird das Herz nicht mehr trüb
Denn die Rosenzeit ist ja
Die Zeit für die Lieb
Jedes Jahr kommt der Frühling
Ist der Winter vorbei
Nur der Mensch hat alleinig
Einen einzigen Mai.

ENDE

Anhang

−/67 *Und die Liebe* − Nach dem *Ersten Brief an die Korinther*
(13,8): »Die Liebe hört niemals auf«.

10/68 *Münchener Oktoberfest* − Anläßlich der Vermählung von
Kronprinz Ludwig (1786-1868) mit Prinzessin Therese von
Sachsen-Hildburghausen (1792-1854) am 12. 10. 1810 gestifte-
tes Fest, das ab 1811 zusammen mit dem »Zentrallandwirt-
schaftsfest« auf der Theresienwiese im Südwesten Münchens
jeweils von Mitte September bis Anfang Oktober gefeiert
wurde. Von 1818 an wurden zur Volksbelustigung auch Schau-
keln, Karussells, Fischbratereien und Kegelbahnen aufgestellt.

in unserer Zeit − Gemeint sind die Jahre der Weltwirtschaftskrise, als die Zahl der Arbeitslosen in der Weimarer Repu-
blik von 4 357 000 im Jahr 1930 auf 5 666 000 im Jahr 1931
anstieg. Zum Zeitpunkt der Niederschrift von *Kasimir und
Karoline* betrug die Zahl der Arbeitslosen 6 041 000 (Ende
Januar 1932) und erhöhte sich weiter auf 6 128 000 (Ende
Februar 1932).

−/69 *»Solang der alte Peter«* − Eine Art Münchner ›National-
hymne‹, deren Dichter und Komponist unbekannt sind. »Es
besteht aber kein Zweifel, daß das Lied der Refrain eines der
Volkssänger-Couplets ist, die bei den Bockbierfesten vorge-
tragen wurden« (Ludwig Hollweck, *München. Liebling der
Musen*, Wien-Hamburg 1971, S. 21).

11/69 *Lippennegerinnen* − Der Schausteller Carl Gabriel (1857-
1931) brachte auf das Oktoberfest 1928 die bis dahin größte
»Riesen-Völkerschau« und 1930 zusätzlich zu den 400 Far-
bigen noch eine »Völkerschau der aussterbenden Lippen-
Negerinnen vom Stamme der Sara-Kaba Central-Afrika«,
von deren Gesängen das Völkerkunde-Museum Schallplat-
tenaufnahmen anfertigen ließ.

Zeppelin – Während des Oktoberfestes im Jahr 1928, das vom 22. 9. bis 7. 10. dauerte, überflog das nach seinem Konstrukteur Ferdinand Graf von Zeppelin (1838-1917) benannte Luftschiff dreimal die Stadt München. (Siehe hierzu auch Bd. 4,240.) – Im nachfolgenden Dialog mit Karoline (S. 13 u. 71) orientieren sich Schürzingers häufige Erwähnungen des Zeppelins an Freuds Traumsymbolik: »Die merkwürdige Eigenschaft des Gliedes, sich gegen die Schwerkraft aufrichten zu können, eine Teilerscheinung der Erektion, führt zur Symboldarstellung durch Luftballone, Flugmaschinen und neuesten Datums durch das Zeppelinsche Luftschiff« (Sigmund Freud, *Die Symbolik im Traum. 10. Vorlesung* [1915/16], in: *Vorlesungen zur Einführung in die Psychoanalyse*, Frankfurt/Main 1979, S. 120-136; hier: S. 124).

Oktoberfestwiese – Theresienwiese, der Schauplatz des Oktoberfestes in München mit der ›Bavaria‹ als Wahrzeichen, eine 16 m hohe Eisenfigur, die von Ludwig Schwanthaler (1802-1848) modelliert und von Ferdinand von Miller (1813-1887) gegossen und 1850 aufgestellt wurde.

Eckener – Hugo Eckener (1868-1954) trat 1908 in den Luftschiffbau Zeppelin ein und wurde 1911 Direktor der Deutschen Luftschiffahrts-A.G. Er setzte den Bau des Luftschiffes »Graf Zeppelin« (LZ 127) mit Mitteln einer Volksspende durch und startete mit diesem Luftschiff am 11. 10. 1928 zu einer Amerikafahrt, 1929 zu einer Weltfahrt und 1931 zu einer Polarfahrt. – Siehe auch Bd. 4, 240.

Heil! – Siehe Bd. 4, 221.

12/70   *Oberammergau* – Landgemeinde in Oberbayern, 2300 Einwohner (1928); bekannt durch die Passionsspiele, die seit 1680 alle zehn Jahre stattfinden.

stempeln – Durch das »Gesetz über Arbeitsvermittlung und

Arbeitslosenversicherung vom 7. 7. 1927« wurde vom 1. 10.
1927 an in Deutschland die Arbeitslosenversicherung als
Zwangsversicherung eingeführt. Anspruch auf Unterstüt-
zung hatte nur, wer arbeitsfähig, arbeitswillig und unfrei-
willig arbeitslos wurde und während der letzten 12 Monate
26 Wochen lang Beiträge eingezahlt hatte. Die Arbeitswilligkeit wurde durch eine »Stempelstelle« beim Arbeitsamt
überprüft, wo sich der Arbeitslose regelmäßig melden
mußte. Ein Stempelabdruck auf seiner Stempelkarte bestätigte dem Arbeitslosen seine Arbeitswilligkeit; nur gegen
Vorlage dieser Karte wurde die Arbeitslosenunterstützung
ausbezahlt.

13/71 *Eismann* – Die Darstellung von Hans Jonas (*Ödön von Horváth: Kasimir und Karoline*, in: Traugott Krischke [Hg.],
*Materialien zu Ödön von Horváths »Kasimir und Karo-
line«*, Frankfurt/Main 1973, S. 47-62), das »Eisessen steht
stellvertretend für alles Glück in der Welt« (S. 48), scheint
mir ebenso an Horváths Absicht vorbeizugehen wie die
Interpretation von Wolfgang Heinz Schober (*Die Jugend-
problematik in Horváths Romanen*, in: Kurt Bartsch u. a.
[Hg.], *Horváth-Diskussion*, Kronberg/Ts. 1976, S. 124-137),
das Speiseeis als ein »weiteres Symbol für zwischenmensch-
liche Kälte« zu sehen, das Karoline »gerade zu dem Zeitpunkt ißt, als die Kälte in die Beziehung zwischen ihr und
Kasimir eindringt« (S. 135). Vielmehr ist das ›Schlecken‹ des
Speiseeises, vor allem bei Schürzinger, als eine von Horváth
bewußt eingesetzte Geste der Obszönität zu sehen, was auch
durch Schürzingers nachfolgende Sätze belegt wird.

14/73 *handlesen* – Das Wahrsagen aus den Zeichen und Linien der
Hand (Chiromantie) ist seit dem Altertum überliefert und war
lange Zeit eine angesehene Wissenschaft. Noch zu Beginn des
18. Jhs. wurden an deutschen Universitäten Vorlesungen über
Chiromantie abgehalten. Einen neuen Aufschwung erlebte die
Chiromantie nach dem Ersten Weltkrieg. – Vgl. auch *Sladek*,
Bd. 2,88 ff.

Zuschneider – Gelernter Schneider, der Stoffe für die (maschinelle) Kleiderherstellung zuschneidet; in übertragenem Sinn auch mundartl. für: Zuhälter.

17/75   *Achterbahn* – Berg- und Talbahn, erstmals in den USA 1884 auf Coney Island, New York, errichtet; 1908 brachte Carl Gabriel die erste Achterbahn nach München; 1909 wurde zum ersten Mal auf dem Oktoberfest die »Original. amerik. Figur 8 Bahn« gebaut. Eine besondere Attraktion war 1928 die »Gebirgs-Achterbahn«.

–/76   *Glühwürmchen-Suite* – Eigentl. *Glühwürmchen-Idyll* von Paul Lincke (1866-1946) aus der Operette *Lysistrata* (1902); gehörte nach Mitteilung von Lajos von Horváth zu den Lieblingsmelodien Ödön von Horváths.

18/77   *Die Kleinen hängt man* – Dt. Sprichwort nach dem lat. »Sacrilegia minuta puniuntur; magna in triumphis feruntur« (dt.: Die kleinen Verbrecher werden bestraft, die großen gefeiert) des römischen Philosophen Seneca (4 v. Chr. – 65 n. Chr.).

20/79   *Waldhorn* – Auch: Jagdhorn; ein Blechblasinstrument aus einer mehrfach kreisförmig gewundenen Messingröhre.

Großer Bär – Großer und Kleiner Bär (oder Große und Kleine Waage) sind zwei ähnliche Sternbilder am nördlichen Himmel.

21/79   *Orion. Mit dem Schwert* – Der Orion gilt in der Astronomie als eines der schönsten Sternbilder zu beiden Seiten des Äquators. Die drei in aufsteigender Linie und in gleichen Abständen nebeneinander stehenden Sterne werden als »Sichel des Orion« (bei Horváth als *Schwert* des Orion) bezeichnet.

22/81   *Masochist* – Von dem Wiener Psychiater Richard von Krafft-Ebing (1840-1902) in seiner *Psychopathia sexualis*

144

(Stuttgart 1886) geprägter Begriff für das Erdulden von Demütigungen, Erniedrigungen, Quälereien und Schmerzen zur sexuellen Erregung in Anlehnung an die damals sehr populären Romane von Leopold von Sacher-Masoch (1836-1895).

–/85   *Parade der Zinnsoldaten* – Komposition von Leon Jessel (1871-1942).

26/85   *Toboggan* – Eigentl. der kufenlose Schlitten kanadischer Eingeborener; 1906 baute Anton Bausch nach Pariser Vorbild den ersten deutschen Toboggan. Über ein aufwärtslaufendes Förderband mußte das Publikum versuchen, die Turmplattform zu erreichen.

        viel zu teuer – Vgl. hierzu den Bericht in der ›München-Augsburger Abendzeitung‹ vom 26. 9. 1931: »Zwar stehen vor den Buden der Hühnerbratereien zahlreiche Interessierte, die stundenlang mit Behagen zusehen, wie die Hühner sich am Spieß drehen und langsam braun werden. Aber diese Zaungäste sind keine Interessenten, denn 4 Mark für ein Hendl zu zahlen ist nur wenigen möglich. Nur dann und wann wird man Zeuge des historischen Augenblicks, daß irgendein ›feiner Kavalier‹ mit Millionärsgeste so einen kostspieligen Vogel ersteht, verfolgt von einem Dutzend neidvoller Blicke derer, die vom Zuschauen satt werden müssen.«

26/86   *Saubär* – Bayer. Schimpfwort für: Saukerl.

        bremsiger – Bayer. mundartl. für: unruhig, geil.

        Schnallentreiber – Bayer. Ausdruck für: Zuhälter. – Siehe auch Erl. zu S. 60/132.

–/86   *Blücher* – Der preußische Feldmarschall Gebhard Leberecht Fürst Blücher von Wahlstatt (1742-1819), ein erbitterter Gegner Napoleons, war der volkstümliche Held der sog. Befreiungskriege (1813-1818); Preußen, Engländer und Russen gaben ihm den Beinamen »Marschall Vorwärts«.

27/86 *kein Brüning um* – Anspielung auf die am 28. 10. 1930 unter Heinrich Brüning (1885-1970; dt. Reichskanzler 1930-1932) herausgegebene amtliche Mitteilung: »Bei der großen wirtschaftlichen Not, mit der weiteste Kreise des deutschen Volkes zu kämpfen haben, muß jedes Übermaß an Feiern und Vergnügungen vermieden werden« (zit. nach: Wilhelm Treue [Hg.], *Deutschland in der Weltwirtschaftskrise in Augenzeugenberichten*, Düsseldorf 1967, S. 116).

27/87 *Wiesenbier* – Starkes, urspr. im März eingebrautes Bier, das den Sommer über gelagert wurde und im Oktober zum Ausschank kam; 1871 wurde dieses ›Märzenbier‹ zum ›Oktoberfestbier‹ bzw. ›Wiesenbier‹ erklärt.

29/89 *Inflation* – Die Jahre 1922/23; siehe *Sladek*, Bd. 2,152.

30/90 *Kommerzienrat* – Titel, der im Kaiserreich Finanzmännern, Industriellen und Großkaufleuten verliehen wurde, zum Zeitpunkt der Entstehung des Stückes aber gemäß Artikel 109 der Weimarer Verfassung vom 11. 8. 1919 nicht mehr verliehen wurde.

GmbH – Abkürzung für ›Gesellschaft mit beschränkter Haftung‹. Bei einer GmbH (eingeführt durch Gesetz vom 26. 4. 1892) wird das Vermögen in Gesellschaftsanteile zerlegt, die jeder Gesellschafter einbringen muß, wobei die Haftung gegenüber den Gläubigern die Gesellschaft übernimmt.

pro forma – Aus dem Lat.: der Form wegen, zum Scheine.

30/91 *Kinderkonfektion* – Im Gegensatz zu maßgeschneiderter Kleidung wurde Ende des 19. Jhs. der Begriff ›Konfektion‹ für fabrikmäßig hergestellte Kleidung eingeführt.

Thüringen – Landschaft in Mitteldeutschland, die zum Land Thüringen und zur Provinz Sachsen gehörte.

Samos – Süßer, schwerer Wein von der griech. Insel Samos.

Erfurt – Garnisonsstadt in der preuß. Provinz Sachsen; 135 579 Einw. (1925).

Weiden – Stadt im Regierungsbezirk Niederbayern und Oberpfalz; 22 833 Einw. (1933).

31/92 *Rhinozeros* – Griech. Begriff für: Nashorn.

Don Quichotte – Frz. Schreibweise für span. Don Quijote bzw. Don Quixote, den ›Ritter von der traurigen Gestalt‹ in dem Roman *El ingenioso hidalgo Don Quixote de la Mancha* (1605) von Miguel de Cervantes Saavedra (1547-1616).

32/93 *Landgerichtsdirektor* – Vorsitzender der Zivil- oder Strafkammer eines Landgerichts; oft Beschwerde- oder Berufungsinstanz über Entscheidungen von Amtsrichtern oder Schöffengerichten, geregelt durch das Gerichtsverfassungsgesetz vom 27. 1. 1877 und seine Neufassung vom 22. 3. 1924. Im Jahr 1929 gab es in Deutschland 159 Landgerichte, davon 7 in Sachsen.

33/94 *Büroangestellte auch nur eine Proletarierin* – Siegfried Kracauer (1889-1966) zitierte in *Die Angestellten. Aus dem neuen Deutschland* (Frankfurt/Main 1930) den sozialistischen Soziologen Emil Lederer (1882-1939), der es als »objektive Tatsache« bezeichnete, »wenn man behauptet, daß die Angestellten das Schicksal des Proletariats teilen«. – Vgl. hierzu *Exkurs: Der Mittelstand*, in: Traugott Krischke (Hg.), *Horváths »Geschichten aus dem Wiener Wald«*, Frankfurt/Main 1983, S. 177-213.

−/95   *die letzte Rose – The Last Rose of Summer* aus *Irish Melo-*
        dies (1808 ff.; dt.: *Irische Melodien,* 1873) von Thomas
        Moore (1779-1852) wurde populär durch die romantisch-
        komische Oper *Martha oder Der Markt zu Richmond*
        (1847) von Friedrich von Flotow (1812-1883). Text nach dem
        frz. Pasticcio-Ballett *Lady Harriet* von Wilhelm Friedrich
        (d. i. Friedrich Wilhelm Riese; 1804-1879).

34/95   *Abnormitäten* – Seit 1870 traten in »Side-Shows« in Amerika
        ›freaks‹ auf, Menschen mit körperlichen Mißbildungen.
        Während einer Tournee zeigte 1898 bis 1902 das größte
        amerikanische Zirkusunternehmen Barnum & Bailey in sei-
        ner »größten Schaustellung der Erde« erstmals »Show-
        Freaks« auch auf europäischem Boden. 1926 zeigte Carl
        Gabriel das »7. neueste Weltwunder«, »die drei dicksten
        und schwersten Kollosalmädchen der Gegenwert«: Elsa (ca.
        380 Pfd.), Elvira (420 Pfd.) und Bertha (450 Pfd.). 1928 war
        auf dem Oktoberfest die bisher größte Abnormitätenschau
        zu sehen: die Riesin »Hanna«, 2,38 m groß, drei »Liliputa-
        ner-Prinzen«, der kleinste 56 cm, die »Bartdame« und »Lio-
        nel, der Löwenmensch«.

34/96   *Zwickau* – Amtsstadt der sächsischen Kreishauptmann-
        schaft Zwickau; 84 701 Einw. (1933). Steinkohlenbergbau
        und Kohlenhandel prägten das von Förderhäusern und Hal-
        den umgebene trostlose Stadtbild; zu den sozialen Einrich-
        tungen Zwickaus gehörten u. a. Heil- und Fürsorgeanstal-
        ten, eine Taubstummenanstalt und ein »Krüppelheim«.

35/96   *Meschugge* – Abgel. vom hebr. m'schuggah für: blöd.

35/97   *Liliputaner* – Der Schausteller Carl Gabriel brachte auch
        eine »Märchenstadt Liliput« auf das Münchner Oktober-
        fest. – Siehe auch Bd. 14,254 f.

−/100   *Zyniker* – Verletzend-spöttischer Mensch; abgel. von der
        antiken Philosophenschule der Kyniker, die nach Bedürfnis-

losigkeit strebten, Kultur, Kunst, Familie, Staat, Güter und Wissenschaft ablehnten.

piano – Aus dem Ital. für: leise, schwach.

Radetzkymarsch – Nach dem populären österr. Feldmarschall Joseph Radetzky (Graf Radetzky von Radek, 1766-1858) benannter Marsch, der Joseph Strauß (Vater, 1804-1849) zugeschrieben wird; op. 228.

37/100 *Friedrichshafen* – Sitz der Zeppelinwerft, am nördl. Ufer des Bodensees gelegene Stadt; 11 290 Einw. (1925).

37/101 *Barcarole aus Hoffmanns Erzählungen* – Phantastische Oper in drei Akten von Jaques Offenbach (1819-1880) nach dem gleichnamigen Schauspiel in fünf Akten von Jules Barbier (1822-1901) und Michel Carré (1819-1872).

–/102 *bayerische Defiliermarsch von Scherzer* – Eigentl. *Avanciermarsch* von Adolph Scherzer (gest. 1864).

Wagnerbräu – Seit der Neugründung im Jahr 1901 war die von Hans Wagner (gest. 1932) betriebene Münchner Brauerei auf dem Oktoberfest vertreten; nach dem 1. Weltkrieg mit einer veränderten Halle, die 1926 einen neuen Vorbau erhielt. Im Wagnerbräu wurde außer dem Oktoberfest-Märzen auch das von der Wagner Brauerei patentierte Auer-Kirta-Bier ausgeschenkt.

Ein Prosit – Allgemeiner Trinkspruch von Bernhard Dittrich (Chemnitz, 1899): »Ein Prosit, ein Prosit der Gemütlichkeit/ Ein Prosit, ein Prosit der Gemütlichkeit/Eins – zwei – drei – gsuffa!!!«

39/103 *Finanzminister!* – Anspielung auf den Politiker Hermann Dietrich (1879-1954), im Kabinett Brüning (1930-1932) Vizekanzler und Wirtschaftsminister, vom 26. 6. 1930 an Finanzminister. Am 27. 7. 1930 gründete die Führung der Deutschen Demokratischen Partei (DDP) unter Einbeziehung des nationalen Jungdeutschen Ordens und liberaler Splittergruppen die DStP (Deutsche Staatspartei). Diese DStP (unter deren Abgeordneten sich der spätere Bundespräsident Theodor Heuss [1884-1963] und der spätere CDU-Minister Ernst Lemmer [1898-1970] befanden) stimmte am 23. 3. 1933 Hitlers Ermächtigungsgesetz zu.

40/104 *Führerschein* – Fahrerlaubnis auf Grund des Kraftfahrzeuggesetzes vom 3. 5. 1909 und der Verordnung über Kraftfahrzeugverkehr vom 16. 3. 1928. Klasse 1: Krafträder; Klasse 2: Kraftwagen mit einem Eigengewicht von mehr als 2,5 t, Zugmaschinen ohne Güterladung; Klasse 3a: Kraftwagen mit einem Eigengewicht bis zu 2,5 t, bei Antrieb durch Verbrennungsmaschinen bis zu einem Hubraum von 2100 ccm; Klasse 3b: Kraftwagen mit Antrieb durch Verbrennungsmaschinen mit einem Eigengewicht bis zu 2,5 t, sofern der Hubraum 2100 ccm überstieg.

Ich schieß den Hirsch – Jägers Liebeslied (Siebenbürgisches Volkslied, 1826) von Franz von Schober (1798-1882); Melodie von Franz Schubert (1797-1828).

41/105 *täglich Tausende* – Im Jahr 1932 stieg die Zahl der Selbstmorde aus wirtschaftlichen Gründen weiter an. »Mit 260 Selbstmorden auf jede Million Einwohner steht Deutschland in weitem Abstand an der Spitze einer traurigen Statistik. Die Vergleichszahlen lauten für England: 85, USA: 133, Frankreich: 155« (zit. nach: Wilhelm Treue [Hg.]. *Deutschland in der Weltwirtschaftskrise*, S. 338).

Trink, Brüderlein, trink – Text und Musik von Wilhelm Lindemann (1882-1941); 1927 entstanden.

43/108 *Kompressor* – Eigentl. ein Verbrennungsmotor, der vor allem in Sportwagen eingebaut wurde. Hier aber von Horváth bewußt zweideutig gebraucht. Vgl. hierzu Dr. Iwan Bloch: »Auch mechanische Apparate hat man angegeben, um die Erektion zu befördern. [. . .] Diese Apparate haben nur den Nutzen, daß sie dem Gliede einen gewissen Halt geben, jede andere Wirkung muß ihnen, wie ebenfalls den Gaßenschen Apparaten, dem ›Kompressor‹, ›Komulator‹ und ›Ultimo‹ abgesprochen werden« (*Das Sexualleben unserer Zeit in seinen Beziehungen zur modernen Kultur*, Berlin 1907, S. 495).

44/108 *Herrgottsackelzement* – Umschreibung für den Fluch: Herrgottsakrament.

–/109 *Paragraphen* – Gemeint ist der Diebstahls-Paragraph 242 StGB: »Wegnahme einer fremden beweglichen Sache in der Absicht, sie sich rechtswidrig anzueignen«. – Siehe auch Erl. zu S. 60/132.

–/110 *Schlampen* – In Bayern und Österreich umgangsspr. für: liederliches Weib, Hure.

Rohr im Winde – Von Horváth häufig gebraucht; nach Lukas 7,24.

Leergebrannt ist die Stätte. – Nach Friedrich Schillers (1759-1805) *Lied von der Glocke* (1799): »Leergebrannt / Ist die Stätte.«

–/111 *Petersburger Schlittenfahrt* – Komposition (op. 57) von Richard Eilenberg (1848-1925).

46/111 *Hippodrom* – Reitbahn; auf dem Oktoberfest 1928 war »Carl Gabriel's Pracht-Reitbahn« eine besondere Attraktion.

Damensattel – Die Reiterin sitzt nicht mit gegrätschten Beinen im Sattel, sondern legt die Beine seitlich, wobei ein Horn des Sattels dem rechten Oberschenkel und ein tiefer gelegenes Horn dem linken Knie Halt geben.

47/112 *Amazone* – Nach der griech. Sage ein kriegerisches Frauenvolk in Kleinasien, das Männer nur zur Fortpflanzung duldete.

47/113 *Arosa* – Kurort (vor allem zur Heilung von Lungenleiden) im Schweizer Kanton Graubünden; 3500 Einwohner (1936).

48/114 *auf französisch* – Redensart für: heimlich fortgehen; vermutlich nach den Schlußworten in Friedrich Schillers *Maria Stuart* (1800): »Der Lord läßt sich / Entschuldigen, er ist zu Schiff nach Frankreich.«

Akkurat – In Süddeutschland und Österreich umgangsspr. für: genau.

sprichst du spanisch. – Nach der Redensart: »Das kommt mir spanisch vor« für: Das finde ich eigenartig bzw. verstehe ich nicht.

49/115 *politisch Lied* – Nach Joh. Wolfgang Goethe (1749-1832), *Faust* (1790; In Auerbachs Keller): »Ein garstig Lied! Pfui! Ein politisch Lied!«

50/115 *Altötting* – Ältester und berühmtester Wallfahrtsort Bayerns mit jährlich über 200 000 Wallfahrern; 5600 Einw. (1928).

51/117 *Ludwig der Fünfzehnte* – (1710-1774), König von Frankreich, der weniger durch seine Politik in die Geschichte einging als vielmehr durch sein ausschweifendes Leben und seine Mätressen, unter denen Madame de Pompadour (1721-1764) und Madame Dubarry (1743-1793) die bekanntesten waren.

53/119 *Ulanenoffizier* – Kavallerieeinheiten, die bis 1890 Lanzen führten; 1914 gab es 19 preußische, 2 bayerische, 2 württembergische und 3 sächsische Ulanenregimenter.

–/120 *Mailüfterl* – '*s Mailüfterl*, Gedicht von Anton Freiherr von

Klesheim (1812-1884) aus der Sammlung *'s Schwarzblattl aus'n Weanerwald* (1845), vertont von Joseph Kreipl (1853).

54/120 *A priori* – Aus dem Lat. für: von vornherein.

53/121 *So ändert man sich...* – Nach dem Kaiser Lothar I. (817-855) zugeschriebenen: »Omnia mutantur, nos et mutamur in illis« (dt.: Alles ändert sich, und wir ändern uns mit), meist zitiert: »Tempora mutantur, nos et mutamur in illis« (dt.: Die Zeiten ändern sich und wir uns mit ihnen).

Siegestor – Wahrzeichen Münchens am Ende der Ludwigsstraße, eine Nachbildung des Konstantinbogens in Rom, im Auftrag König Ludwigs I. (1786-1868) von Friedrich von Gärtner (1792-1847) im Jahr 1843 begonnen und von Eduard Metzger (1807-1894) im Jahr 1850 vollendet.

Zeiserlwagen – Nach dem bayer. Ausdruck zeis'ln (für: eilen) benannter, gelb oder hellgrün gestrichener einfacher Wagen; in übertragenem Sinn dann gebraucht für die grüngestrichenen Wagen der Polizei, in denen Häftlinge transportiert wurden; in Wien: eine Art Leiterwagen, der zur Beförderung von Personen diente.

1919 – Hinweis auf die gewaltsame Beendigung der Räteherrschaft in München im Mai 1919 durch Regierungstruppen, die München eroberten und jeden, der bewaffnet angetroffen wurde, standrechtlich erschossen.

–/122 *Mensch ist [...] ein Produkt seiner Umgebung* – Vgl. hierzu den Begriff »Mensch« in: Manfred Berger u. a. (Hg.), *Kulturpolitisches Wörterbuch*, Berlin (Ost) ²1978, das »die allgemeinen Begriffe der sozialistischen Kulturpolitik und der marxistisch-leninistischen Kulturtheorie und Ästhetik« (S. 7) definiert: »Das Wesen des Menschen ist stets historisch-konkret bestimmt. ›Aber das menschliche Wesen ist kein dem einzelnen Individuum innewohnendes

Abstraktum. In Wirklichkeit ist es das ensemble der gesellschaftlichen Verhältnisse.‹ (Marx) Daher sind die Kennt-
nisse und Fähigkeiten des Menschen gesellschaftlich be-
dingt und entwickeln sich auf der Grundlage der jeweiligen
materiellen gesellschaftlichen Verhältnisse. Indem der
Mensch die Gesetzmäßigkeiten der Natur und der Gesellschaft erkennt, die Natur verändert und sein gesellschaft-
liches Leben bewußt reguliert, verändert er sich in dieser
produktiven Auseinandersetzung auch selbst. ›Wenn der
Mensch von den Umständen gebildet wird, so muß man
die Umstände menschlich bilden. Wenn der Mensch von
Natur gesellschaftlich ist, so entwickelt er seine wahre Natur erst in der Gesellschaft, und man muß die Macht seiner
Natur nicht an der Macht des einzelnen Individuums, sondern an der Macht der Gesellschaft messen.‹ (Marx)«
(S. 480 f.)

56/122 *Bücher/Buch* – Folgende von Horváth genannten Titel
konnten verifiziert werden:
Wer bist Du Weib – Bernhard A. Bauer, *Wie bist du, Weib?*
(1923 und ⁵1928).
Verbrechen und Prostitution – Wolzendorff, *Das Weib als
Verbrecherin und Prostituierte,* Tübingen 1911.
Das lasterhafte Weib – Publikation der »epochalen Neuer-
scheinungen für Sammler« des Buchverlags A. Möller, Ber-
lin-Charlottenburg 4 (Schließfach), im Dezember 1930 ange-
kündigt: »*Das lasterhafte Weib.* Das erste Bekenntnisbuch
über die Triebverirrungen des Weibes, von Frauen geschrie-
ben. Das erste sexualpsychologische Bekenntnisbuch von
Frauen über die Frau; prominente Frauenärztinnen, Psycho-
loginnen, Schriftstellerinnen, Persönlichkeiten, die selbst im
Mittelpunkt von Sensationsaffären standen, durchleuchten
und beschreiben die Triebrichtungen, Verirrungen und Be-
dürfnisse der weiblichen Sexualität. Ganzleinen mit vielen
Tafeln und Abbildungen . . . M 30.–« Vgl. auch *Sechsund-
dreißig Stunden,* Bd. 12,55).

57/123 *pietätlos* – Ehrfurchtslos, ohne Achtung (gegenüber den Toten); abgeleitet vom lat. pietas für: Frömmigkeit, Gedenken.

58/– *Avanciermarsch* – Siehe S. 149.

–/123 *Militärmarsch 1822 von Schubert* – Franz Schubert (1797-1828); op. 51.

58/125 *Austro-Daimler* – Bezeichnung für ein in Wien gebautes viertüriges Luxuskabriolett der 1890 in Berlin gegründeten Daimler Motorengesellschaft, die sich 1926 mit der, 1899 in Mannheim gegründeten, Firma Benz & Co. zusammengeschlossen hatte.

–/127 *Bist dus lachendes Glück* – Lied aus der Operette *Der Graf von Luxemburg* (1909) von Franz Lehár (1870-1948); Text von A. M. Willner (1858-1929) und Robert Bodanzky (1879-1923).

–/129 *Der Arzt* – Vgl. hierzu den Bericht im ›Murnauer Tagblatt. Staffelseebote‹ vom 2. 1. 1931 über die Versammlungsschlacht in Murnau vom 1. 2. 1931, die Horváth im Kirchmaier-Saal miterlebt hatte: »Zwei Aerzte, Herr Dr. Nigler und Herr Dr. Pichler, verbanden unter Sanitäter-Assistenz 13 zerschlagene Menschen mit Knochenbrüchen, Kieferbruch, durchwegs starken Kopfwunden und Hand- und Fußverletzungen. [. . .] Brüder fallen übereinander her und schlagen sich zu Krüppeln.«

–/131 *Ausstellung* – Westlich der Theresienwiese befindet sich ein weiträumiger Ausstellungspark, der 1908 mit der Ausstellung »München 1908« eröffnet worden war. Von Juni bis Oktober 1925 fand dort die »Deutsche Verkehrs-Ausstellung« statt, von Mai bis Oktober 1928 die »Heim und Technik«-Ausstellung.

60/132 *Schnallen* – Ursprüngl. in der Jägersprache die Vulva des

Wildes; bayer. Schimpfwort für: Hure, Nutte; auch in Österreich gebräuchlich.

fünf Jahr Zuchthaus – Das StGB unterschied zwischen einfachem Diebstahl nach § 242: Gefängnis bis zu fünf Jahren, und Rückfalldiebstahl (§§ 244, 245), der als schwerer Diebstahl nach § 243 mit Zuchthaus bis zu zehn Jahren bestraft wurde.

Tuberkulose – Eine der am weitesten verbreiteten Infektionskrankheiten, deren Bazillus 1882 von Robert Koch (1843-1910) entdeckt wurde; wegen der unmittelbaren Ansteckungsgefahr wurden zahlreiche gesetzliche Maßnahmen ergriffen.

64/137 *Coué* – Émile Coué (1857-1926), ursprünglich Apotheker, Begründer eines, der Autosuggestion verwandten, Heilverfahrens. Textparallele zu *Rund um den Kongreß* (Bd. 1,217). – Siehe die Erl. in Bd. 1, 319.

Editorische Notiz

Mit der Arbeit an *Kasimir und Karoline* dürfte Ödön von Horváth Ende 1931/Anfang 1932 begonnen haben, wobei die ersten Entwürfe aus dieser Zeit die gemeinsame Basis von *Kasimir und Karoline* und *Glaube Liebe Hoffnung* (Band 6) nachweisen.

Daß das »Volksstück *Kasimir und Karoline* auf Grund der im Vertrage vom 11. Januar 1929 niedergelegten Bedingungen« angenommen sei und der Bühnenvertrieb durch die Arcadia Verlag GmbH erfolgen werde, bestätigte der Ullstein Verlag Ödön von Horváth am 9. 5. 1932 brieflich. Im September 1932 kündigte dann das ›Flugblatt Nr. 12‹ des Arcadia Verlages die Uraufführung von *Kasimir und Karoline* als »Ernst Josef Aufricht Produktion« für Oktober 1932 in Berlin an; am 15. 11. 1932, drei Tage vor der tatsächlichen Uraufführung, meldete ›Die Deutsche Bühne‹, daß ›Das kleine Schauspielhaus‹ in Hamburg ebenfalls *Kasimir und Karoline* zur Aufführung angenommen habe.

»Ein Abend auf dem Oktoberfest« lautete der Untertitel der »Uraufführung in der Berliner Besetzung« am 18. 11. 1932 im Leipziger Schauspielhaus. Die Premiere im Berliner Komödienhaus fand am 25. 11. 1932 statt. Unter der Regie von Francesco von Mendelssohn spielten Hermann Erhardt (Kasimir), Luise Ullrich (Karoline), Karl Stepanek (Schürzinger), Fritz Kampers (Der Merkl Franz), Blandine Ebinger (Dem Merkl Franz seine Erna), Werner Pledath (Speer, hochgestellte Persönlichkeit), Hans Adolphi (Kommerzienrat Konrad Rauch), Herta Worell (Elli), Mally Georgi (Maria), Walter Schramm (Ein Herr), Ernst Neßler (Sanitäter), Lotte Heinitz (Eine Dame), Franz Weilhammer (Ausrufer), Werner Scharf (Regierungsrat), Kurt Fabrici (Liliputaner), La Barré (Renate, die Riesendame), Eva Ortmann (Juanita, das Gorillamädchen), Ruth und Ethel Stöckel (Zwillinge), Walter Schramm (Alexander, der Albino), Irma Verlos (Krankenschwester). Szenische Einrichtung nach Entwürfen von Caspar Neher. Musikalische Einrichtung: Julius Bürger. Motto: »Es leuchtet meine Liebe / In ihrer dunklen Pracht: / Wie ein Märchen, traurig und trübe, / Erzählt in der Sommernacht.«

1935 schrieb Horváth anläßlich der österreichischen Erstaufführung:

Als mein Stück 1932 in Berlin uraufgeführt wurde, schrieb fast die gesamte Presse, es wäre eine Satyre auf München und auf das dortige Oktoberfest – ich muß es nicht betonen, daß dies eine völlige Verkennung meiner Absichten war, eine Verwechslung von Schauplatz und Inhalt; es ist überhaupt keine Satyre, es ist die Ballade vom arbeitslosen Chauffeur Kasimir und seiner Braut mit der Ambition, eine Ballade voll stiller Trauer, gemildert durch Humor, das heisst durch die alltägliche Erkenntnis: »Sterben müssen wir alle!«

Die österreichische Erstaufführung fand als »einmaliges Gastspiel der Gruppe Ernst Lönner« am 4. 2. 1935 in der ›Komödie‹ in Wien statt und wurde am 9. 2. 1935 in die ›Kammerspiele‹ übernommen, deren Direktor Erich Ziegel 1927 an seinen ›Hamburger Kammerspielen‹ bereits Horváths *Revolte auf Côte 3018* uraufgeführt hatte. In der Bearbeitung und Inszenierung von Fritz Lönner spielten: Fritz Grünne (Kasimir), Marianne Gerzner (Karoline), Otto Waldis (Rauch), Hans Staufen (Speer), Fritz Schrecker (Schürzinger), Egon Sala (Der Merkl Franz), Hansi Prinz (Seine Erna), Ursula v. Hutten (Elli), Mimi Marian (Maria), Kurt Nachmann (Der Sanitäter); Sprecher: Otto Ambros; Sänger: Paula Martin, Ida Radlmesser, Hanns Adam, Rudolf Stefan – Musiker: Norbert Baumann, Willy Kodat, Alfred Rinesch; Worte zur Musik: Georg Alfred, Ernst Lönner; Musik und musikalische Leitung: J. C. Knaflitsch; Bühnenbild: Fritz Rosenbaum.

Die österreichische Erstaufführung war so erfolgreich, daß Ernst Lönner das Stück im Spätherbst 1935 nochmals in das Repertoire seines inzwischen erworbenen ›Kleinen Theaters in der Praterstraße‹ aufnahm.

Als Vorlage für den Abdruck der Erstfassung von *Kasimir und Karoline* in sieben Bildern (S. 9-65 dieser Ausgabe) diente ein mit handschriftlichen Korrekturen versehenes Typoskript Horváths, dessen Titelseiten mit *I* und *II* und dessen Textseiten mit *1* bis *52* handschriftlich paginiert sind (Ödön von Horváth-Archiv, Berlin, lfde. Nr. 46a, 46b, 46c, 46k, 46e, 46f, 46h).

Der Abdruck von *Kasimir und Karoline* (in 117 Szenen; S. 67-138 dieser Ausgabe) folgt dem als »unverkäufliche[s] Manuskript« hektographierten 70-seitigen Text des Arcadia-Verlages mit Copyright 1932; berichtigt wurde die Zählung der Szene, die in der Arcadia-

Ausgabe auf Seite 43 der 70. Szene die 71. Szene als »78. Szene« folgen läßt.

Horváths Hoffnung, der Text von *Kasimir und Karoline* würde im Propyläen Verlag auch in einer Buchausgabe erscheinen, erfüllte sich nicht. Erstmals wurde *Kasimir und Karoline* in dem Band Ödön von Horváth, *Stücke*, hg. v. Traugott Krischke, Reinbek bei Hamburg 1961 (S. 117-163), veröffentlicht.

Die italienische Übersetzung von Umberto Gandini und Emilio Castellani erschien 1974 in dem Auswahlband *Teatro Popolare* bei Adelphi in Mailand (zusammen mit *Italienische Nacht, Geschichten aus dem Wiener Wald* und *Glaube Liebe Hoffnung*), eine russische Übersetzung von E. Wengerowa (zusammen mit *Sladek oder Die schwarze Armee, Italienische Nacht, Geschichten aus dem Wiener Wald, Hin und her, Don Juan kommt aus dem Krieg* und *Figaro läßt sich scheiden*) in dem Sammelband *P'esy [Stücke]* 1980 in Moskau.

Die Erläuterungen (S. 141-156 dieser Ausgabe) versuchen den zeitgeschichtlichen Hintergrund und Anspielungen Horváths auf aktuelle Ereignisse darzustellen. Die erste der beiden Seitenzahlen nennt die erste Erwähnung eines Begriffs oder Zitats in der Erstfassung, die zweite Seitenzahl verweist auf die erste Erwähnung in der Endfassung von *Kasimir und Karoline*.

Für zahlreiche Hinweise zur Dechiffrierung des zeitgeschichtlichen Hintergrunds ist der Herausgeber Herrn Alexander Fuhrmann, München, zu besonderem Dank verpflichtet.